は　し　が　き

　平成 29 年 3 月に告示された中学校学習指導要領が，令和 3 年度から全面実施されます。

　今回の学習指導要領では，各教科等の目標及び内容が，育成を目指す資質・能力の三つの柱（「知識及び技能」，「思考力，判断力，表現力等」，「学びに向かう力，人間性等」）に沿って再整理され，各教科等でどのような資質・能力の育成を目指すのかが明確化されました。これにより，教師が「子供たちにどのような力が身に付いたか」という学習の成果を的確に捉え，主体的・対話的で深い学びの視点からの授業改善を図る，いわゆる「指導と評価の一体化」が実現されやすくなることが期待されます。

　また，子供たちや学校，地域の実態を適切に把握した上で教育課程を編成し，学校全体で教育活動の質の向上を図る「カリキュラム・マネジメント」についても明文化されました。カリキュラム・マネジメントの一側面として，「教育課程の実施状況を評価してその改善を図っていくこと」がありますが，このためには，教育課程を編成・実施し，学習評価を行い，学習評価を基に教育課程の改善・充実を図るという PDCA サイクルを確立することが重要です。このことも，まさに「指導と評価の一体化」のための取組と言えます。

　このように，「指導と評価の一体化」の必要性は，今回の学習指導要領において，より一層明確なものとなりました。そこで，国立教育政策研究所教育課程研究センターでは，「幼稚園，小学校，中学校，高等学校及び特別支援学校の学習指導要領等の改善及び必要な方策等について（答申）」（平成 28 年 12 月 21 日中央教育審議会）をはじめ，「児童生徒の学習評価の在り方について（報告）」（平成 31 年 1 月 21 日中央教育審議会初等中等教育分科会教育課程部会）や「小学校，中学校，高等学校及び特別支援学校等における児童生徒の学習評価及び指導要録の改善等について」（平成 31 年 3 月 29 日付初等中等教育局長通知）を踏まえ，このたび「『指導と評価の一体化』のための学習評価に関する参考資料」を作成しました。

　本資料では，学習評価の基本的な考え方や，各教科等における評価規準の作成及び評価の実施等について解説しているほか，各教科等別に単元や題材に基づく学習評価について事例を紹介しています。各学校においては，本資料や各教育委員会等が示す学習評価に関する資料などを参考としながら，学習評価を含むカリキュラム・マネジメントを円滑に進めていただくことで，「指導と評価の一体化」を実現し，子供たちに未来の創り手となるために必要な資質・能力が育まれることを期待します。

　最後に，本資料の作成に御協力くださった方々に心から感謝の意を表します。

　令和 2 年 3 月

国立教育政策研究所
教育課程研究センター長
　　　笹　井　弘　之

目次

※本冊子については，改訂後の常用漢字表（平成22年11月30日内閣告示）に基づいて表記しています。（学習指導要領及び初等中等教育局長通知等の引用部分を除く）

第1編

総説

第1編　総説

本編においては，以下の資料について，それぞれ略称を用いることとする。

答申：「幼稚園，小学校，中学校，高等学校及び特別支援学校の学習指導要領等の改善
　　　及び必要な方策等について（答申）」　平成28年12月21日　中央教育審議会

報告：「児童生徒の学習評価の在り方について（報告）」　平成31年1月21日　中央教
　　　育審議会　初等中等教育分科会　教育課程部会

改善等通知：「小学校，中学校，高等学校及び特別支援学校等における児童生徒の学習
　　　評価及び指導要録の改善等について（通知）」　平成31年3月29日　初等中等
　　　教育局長通知

第1章　平成29年改訂を踏まえた学習評価の改善

1　はじめに

　学習評価は，学校における教育活動に関し，児童生徒の学習状況を評価するものである。答申にもあるとおり，児童生徒の学習状況を的確に捉え，教師が指導の改善を図るとともに，児童生徒が自らの学びを振り返って次の学びに向かうことができるようにするためには，学習評価の在り方が極めて重要である。

　各教科等の評価については，学習状況を分析的に捉える「観点別学習状況の評価」と「評定」が学習指導要領に定める目標に準拠した評価として実施するものとされている[1]。観点別学習状況の評価とは，学校における児童生徒の学習状況を，複数の観点から，それぞれの観点ごとに分析する評価のことである。児童生徒が各教科等での学習において，どの観点で望ましい学習状況が認められ，どの観点に課題が認められるかを明らかにすることにより，具体的な学習や指導の改善に生かすことを可能とするものである。各学校において目標に準拠した観点別学習状況の評価を行うに当たっては，観点ごとに評価規準を定める必要がある。評価規準とは，観点別学習状況の評価を的確に行うため，学習指導要領に示す目標の実現の状況を判断するよりどころを表現したものである。本参考資料は，観点別学習状況の評価を実施する際に必要となる評価規準等，学習評価を行うに当たって参考となる情報をまとめたものである。

　以下，文部省指導資料から，評価規準について解説した部分を参考として引用する。

---

[1] 各教科の評価については，観点別学習状況の評価と，これらを総括的に捉える「評定」の両方について実施するものとされており，観点別学習状況の評価や評定には示しきれない児童生徒の一人一人のよい点や可能性，進歩の状況については，「個人内評価」として実施するものとされている。（P.6〜11に後述）

（参考）評価規準の設定（抄）

（文部省「小学校教育課程一般指導資料」（平成5年9月）より）

　新しい指導要録（平成3年改訂）では，観点別学習状況の評価が効果的に行われるようにするために，「各観点ごとに学年ごとの評価規準を設定するなどの工夫を行うこと」と示されています。

　これまでの指導要録においても，観点別学習状況の評価を適切に行うため，「観点の趣旨を学年別に具体化することなどについて工夫を加えることが望ましいこと」とされており，教育委員会や学校では目標の達成の度合いを判断するための基準や尺度などの設定について研究が行われてきました。

　しかし，それらは，ともすれば知識・理解の評価が中心になりがちであり，また「目標を十分達成（＋）」，「目標をおおむね達成（空欄）」及び「達成が不十分（－）」ごとに詳細にわたって設定され，結果としてそれを単に数量的に処理することに陥りがちであったとの指摘がありました。

　今回の改訂においては，学習指導要領が目指す学力観に立った教育の実践に役立つようにすることを改訂方針の一つとして掲げ，各教科の目標に照らしてその実現の状況を評価する観点別学習状況を各教科の学習の評価の基本に据えることとしました。したがって，評価の観点についても，学習指導要領に示す目標との関連を密にして設けられています。

　このように，学習指導要領が目指す学力観に立つ教育と指導要録における評価とは一体のものであるとの考え方に立って，各教科の目標の実現の状況を「関心・意欲・態度」，「思考・判断・表現」，「技能・表現（または技能）」及び「知識・理解」の観点ごとに適切に評価するため，「評価規準を設定する」ことを明確に示しているものです。

　「評価規準」という用語については，先に述べたように，新しい学力観に立って子供たちが自ら獲得し身に付けた資質や能力の質的な面，すなわち，学習指導要領の目標に基づく幅のある資質や能力の育成の実現状況の評価を目指すという意味から用いたものです。

2　平成29年改訂を踏まえた学習評価の意義
（1）学習評価の充実

　平成29年改訂小・中学校学習指導要領総則においては，学習評価の充実について新たに項目が置かれた。具体的には，学習評価の目的等について以下のように示し，単元や題材など内容や時間のまとまりを見通しながら，児童生徒の主体的・対話的で深い学びの実現に向けた授業改善を行うと同時に，評価の場面や方法を工夫して，学習の過程や成果を評価することを示し，授業の改善と評価の改善を両輪として行っていくことの必要性を明示した。

> ・生徒のよい点や進歩の状況などを積極的に評価し，学習したことの意義や価値を実感できるようにすること。また，各教科等の目標の実現に向けた学習状況を把握する観点から，単元や題材など内容や時間のまとまりを見通しながら評価の場面や方法を工夫して，学習の過程や成果を評価し，指導の改善や学習意欲の向上を図り，資質・能力の育成に生かすようにすること。
> ・創意工夫の中で学習評価の妥当性や信頼性が高められるよう，組織的かつ計画的な取組を推進するとともに，学年や学校段階を越えて生徒の学習の成果が円滑に接続されるように工夫すること。

（中学校学習指導要領第1章総則　第3教育課程の実施と学習評価　2学習評価の充実）
（小学校学習指導要領にも同旨）

（2）カリキュラム・マネジメントの一環としての指導と評価

　各学校における教育活動の多くは，学習指導要領等に従い児童生徒や地域の実態を踏まえて編成された教育課程の下，指導計画に基づく授業（学習指導）として展開される。各学校では，児童生徒の学習状況を評価し，その結果を児童生徒の学習や教師による指導の改善や学校全体としての教育課程の改善等に生かしており，学校全体として組織的かつ計画的に教育活動の質の向上を図っている。このように，「学習指導」と「学習評価」は学校の教育活動の根幹に当たり，教育課程に基づいて組織的かつ計画的に教育活動の質の向上を図る「カリキュラム・マネジメント」の中核的な役割を担っている。

（3）主体的・対話的で深い学びの視点からの授業改善と評価

　指導と評価の一体化を図るためには，児童生徒一人一人の学習の成立を促すための評価という視点を一層重視し，教師が自らの指導のねらいに応じて授業での児童生徒の学びを振り返り，学習や指導の改善に生かしていくことが大切である。すなわち，平成29年改訂学習指導要領で重視している「主体的・対話的で深い学び」の視点からの授業改善を通して各教科等における資質・能力を確実に育成する上で，学習評価は重要な役割を担っている。

（4）学習評価の改善の基本的な方向性

　（1）～（3）で述べたとおり，学習指導要領改訂の趣旨を実現するためには，学習評価の在り方が極めて重要であり，すなわち，学習評価を真に意味のあるものとし，指導と評価の一体化を実現することがますます求められている。

　このため，報告では，以下のように学習評価の改善の基本的な方向性が示された。

① 児童生徒の学習改善につながるものにしていくこと

② 教師の指導改善につながるものにしていくこと

③ これまで慣行として行われてきたことでも，必要性・妥当性が認められないものは見直していくこと

3　平成29年改訂を受けた評価の観点の整理

　平成29年改訂学習指導要領においては，知・徳・体にわたる「生きる力」を児童生徒に育むために「何のために学ぶのか」という各教科等を学ぶ意義を共有しながら，授業の創意工夫や教科書等の教材の改善を引き出していくことができるようにするため，全ての教科等の目標及び内容を「知識及び技能」，「思考力，判断力，表現力等」，「学びに向かう力，人間性等」の育成を目指す資質・能力の三つの柱で再整理した（図1参照）。知・徳・体のバランスのとれた「生きる力」を育むことを目指すに当たっては，各教科等の指導を通してどのような資質・能力の育成を目指すのかを明確にしながら教育活動の充実を図ること，その際には，児童生徒の発達の段階や特性を踏まえ，資質・能力の三つの柱の育成がバランスよく実現できるよう留意する必要がある。

図1

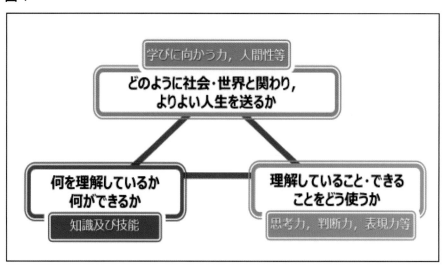

　観点別学習状況の評価については，こうした教育目標や内容の再整理を踏まえて，小・中・高等学校の各教科を通じて，4観点から3観点に整理された。（図2参照）

図2

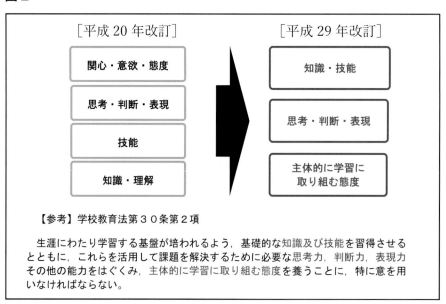

4　平成 29 年改訂学習指導要領における各教科の学習評価

　各教科の学習評価においては，平成 29 年改訂においても，学習状況を分析的に捉える「観点別学習状況の評価」と，これらを総括的に捉える「評定」の両方について，学習指導要領に定める目標に準拠した評価として実施するものとされた。改善等通知では，以下のように示されている。

【小学校児童指導要録】

［各教科の学習の記録］

Ⅰ　観点別学習状況

　　学習指導要領に示す各教科の目標に照らして，その実現状況を観点ごとに評価し記入する。その際，

　　　　「十分満足できる」状況と判断されるもの：A

　　　　「おおむね満足できる」状況と判断されるもの：B

　　　　「努力を要する」状況と判断されるもの：C

　　のように区別して評価を記入する。

Ⅱ　評定（第 3 学年以上）

　　各教科の評定は，学習指導要領に示す各教科の目標に照らして，その実現状況を，

　　　　「十分満足できる」状況と判断されるもの：3

　　　　「おおむね満足できる」状況と判断されるもの：2

　　　　「努力を要する」状況と判断されるもの：1

　　のように区別して評価を記入する。

　　評定は各教科の学習の状況を総括的に評価するものであり，「観点別学習状況」において掲げられた観点は，分析的な評価を行うものとして，各教科の評定を行う場合において基本的な要素となるものであることに十分留意する。その際，評定の適切な決定方法等については，各学校において定める。

【中学校生徒指導要録】

（学習指導要領に示す必修教科の取扱いは次のとおり）

［各教科の学習の記録］

Ⅰ　観点別学習状況（小学校児童指導要録と同じ）

　　学習指導要領に示す各教科の目標に照らして，その実現状況を観点ごとに評価し記入する。その際，

　　　　「十分満足できる」状況と判断されるもの：A

　　　　「おおむね満足できる」状況と判断されるもの：B

　　　　「努力を要する」状況と判断されるもの：C

　　のように区別して評価を記入する。

Ⅱ　評定

　　各教科の評定は，学習指導要領に示す各教科の目標に照らして，その実現状況を，

「十分満足できるもののうち，特に程度が高い」状況と判断されるもの：5

「十分満足できる」状況と判断されるもの：4

「おおむね満足できる」状況と判断されるもの：3

「努力を要する」状況と判断されるもの：2

「一層努力を要する」状況と判断されるもの：1

のように区別して評価を記入する。

評定は各教科の学習の状況を総括的に評価するものであり，「観点別学習状況」において掲げられた観点は，分析的な評価を行うものとして，各教科の評定を行う場合において基本的な要素となるものであることに十分留意する。その際，評定の適切な決定方法等については，各学校において定める。

また，観点別学習状況の評価や評定には示しきれない児童生徒一人一人のよい点や可能性，進歩の状況については，「個人内評価」として実施するものとされている。改善等通知においては，「観点別学習状況の評価になじまず個人内評価の対象となるものについては，児童生徒が学習したことの意義や価値を実感できるよう，日々の教育活動等の中で児童生徒に伝えることが重要であること。特に『学びに向かう力，人間性等』のうち『感性や思いやり』など児童生徒一人一人のよい点や可能性，進歩の状況などを積極的に評価し児童生徒に伝えることが重要であること。」と示されている。

「3　平成29年改訂を受けた評価の観点の整理」も踏まえて各教科における評価の基本構造を図示化すると，以下のようになる。（図3参照）

図3

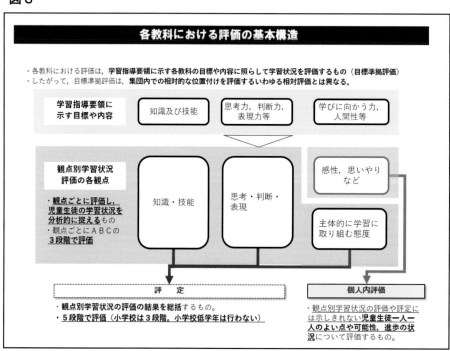

上記の，「各教科における評価の基本構造」を踏まえた3観点の評価それぞれについて

の考え方は，以下の（1）～（3）のとおりとなる。なお，この考え方は，外国語活動（小学校），総合的な学習の時間，特別活動においても同様に考えることができる。

（1）「知識・技能」の評価について

「知識・技能」の評価は，各教科等における学習の過程を通した知識及び技能の習得状況について評価を行うとともに，それらを既有の知識及び技能と関連付けたり活用したりする中で，他の学習や生活の場面でも活用できる程度に概念等を理解したり，技能を習得したりしているかについても評価するものである。

「知識・技能」におけるこのような考え方は，従前の「知識・理解」（各教科等において習得すべき知識や重要な概念等を理解しているかを評価），「技能」（各教科等において習得すべき技能を身に付けているかを評価）においても重視してきたものである。

具体的な評価の方法としては，ペーパーテストにおいて，事実的な知識の習得を問う問題と，知識の概念的な理解を問う問題とのバランスに配慮するなどの工夫改善を図るとともに，例えば，児童生徒が文章による説明をしたり，各教科等の内容の特質に応じて，観察・実験したり，式やグラフで表現したりするなど，実際に知識や技能を用いる場面を設けるなど，多様な方法を適切に取り入れていくことが考えられる。

（2）「思考・判断・表現」の評価について

「思考・判断・表現」の評価は，各教科等の知識及び技能を活用して課題を解決する等のために必要な思考力，判断力，表現力等を身に付けているかを評価するものである。

「思考・判断・表現」におけるこのような考え方は，従前の「思考・判断・表現」の観点においても重視してきたものである。「思考・判断・表現」を評価するためには，教師は「主体的・対話的で深い学び」の視点からの授業改善を通じ，児童生徒が思考・判断・表現する場面を効果的に設計した上で，指導・評価することが求められる。

具体的な評価の方法としては，ペーパーテストのみならず，論述やレポートの作成，発表，グループでの話合い，作品の制作や表現等の多様な活動を取り入れたり，それらを集めたポートフォリオを活用したりするなど評価方法を工夫することが考えられる。

（3）「主体的に学習に取り組む態度」の評価について

答申において「学びに向かう力，人間性等」には，①「主体的に学習に取り組む態度」として観点別学習状況の評価を通じて見取ることができる部分と，②観点別学習状況の評価や評定にはなじまず，こうした評価では示しきれないことから個人内評価を通じて見取る部分があることに留意する必要があるとされている。すなわち，②については観点別学習状況の評価の対象外とする必要がある。

「主体的に学習に取り組む態度」の評価に際しては，単に継続的な行動や積極的な発言を行うなど，性格や行動面の傾向を評価するということではなく，各教科等の「主体的に学習に取り組む態度」に係る観点の趣旨に照らして，知識及び技能を習得したり，

思考力，判断力，表现力等を身に付けたりするために，自らの学習状況を把握し，学習の進め方について試行錯誤するなど自らの学習を調整しながら，学ぼうとしているかどうかという意思的な側面を評価することが重要である。

　従前の「関心・意欲・態度」の観点も，各教科等の学習内容に関心をもつことのみならず，よりよく学ぼうとする意欲をもって学習に取り組む態度を評価するという考え方に基づいたものであり，この点を「主体的に学習に取り組む態度」として改めて強調するものである。

　本観点に基づく評価は，「主体的に学習に取り組む態度」に係る各教科等の評価の観点の趣旨に照らして，

①　知識及び技能を獲得したり，思考力，判断力，表現力等を身に付けたりすることに向けた粘り強い取組を行おうとしている側面

②　①の粘り強い取組を行う中で，自らの学習を調整しようとする側面

という二つの側面を評価することが求められる[2]。（図4参照）

　ここでの評価は，児童生徒の学習の調整が「適切に行われているか」を必ずしも判断するものではなく，学習の調整が知識及び技能の習得などに結び付いていない場合には，教師が学習の進め方を適切に指導することが求められる。

　具体的な評価の方法としては，ノートやレポート等における記述，授業中の発言，教師による行動観察や児童生徒による自己評価や相互評価等の状況を，教師が評価を行う際に考慮する材料の一つとして用いることなどが考えられる。

図4

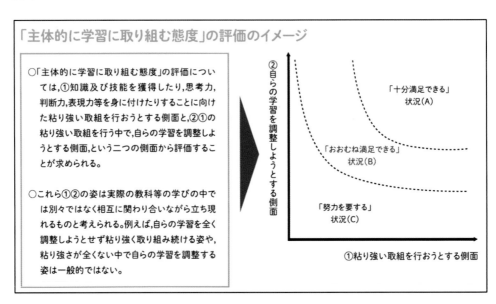

---

[2] これら①②の姿は実際の教科等の学びの中では別々ではなく相互に関わり合いながら立ち現れるものと考えられることから，実際の評価の場面においては，双方の側面を一体的に見取ることも想定される。例えば，自らの学習を全く調整しようとせず粘り強く取り組み続ける姿や，粘り強さが全くない中で自らの学習を調整する姿は一般的ではない。

　なお，学習指導要領の「2　内容」に記載のない「主体的に学習に取り組む態度」の評価については，後述する第2章1（2）を参照のこと[3]。

5　改善等通知における特別の教科　道徳，外国語活動（小学校），総合的な学習の時間，特別活動の指導要録の記録

　改善等通知においては，各教科の学習の記録とともに，以下の（1）～（4）の各教科等の指導要録における学習の記録について以下のように示されている。

（1）特別の教科　道徳について

　中学校等については，改善等通知別紙2に，「道徳の評価については，28文科初第604号「学習指導要領の一部改正に伴う小学校，中学校及び特別支援学校小学部・中学部における児童生徒の学習評価及び指導要録の改善等について（通知）」に基づき，学習活動における生徒の学習状況や道徳性に係る成長の様子を個人内評価として文章で端的に記述する」こととされている（小学校等についても別紙1に同旨）。

（2）外国語活動について（小学校）

　改善等通知には，「外国語活動の記録については，評価の観点を記入した上で，それらの観点に照らして，児童の学習状況に顕著な事項がある場合にその特徴を記入する等，児童にどのような力が身に付いたかを文章で端的に記述すること」とされている。また，「評価の観点については，設置者は，小学校学習指導要領等に示す外国語活動の目標を踏まえ，改善等通知別紙4を参考に設定する」こととされている。

（3）総合的な学習の時間について

　中学校等については，改善等通知別紙2に，「総合的な学習の時間の記録については，この時間に行った学習活動及び各学校が自ら定めた評価の観点を記入した上で，それらの観点のうち，生徒の学習状況に顕著な事項がある場合などにその特徴を記入する等，生徒にどのような力が身に付いたかを文章で端的に記述すること」とされている。また，「評価の観点については，各学校において具体的に定めた目標，内容に基づいて別紙4を参考に定めること」とされている（小学校等についても別紙1に同旨）。

---

[3] 各教科等によって，評価の対象に特性があることに留意する必要がある。例えば，体育・保健体育科の運動に関する領域においては，公正や協力などを，育成する「態度」として学習指導要領に位置付けており，各教科等の目標や内容に対応した学習評価が行われることとされている。

（4）特別活動について

　中学校等については，改善等通知別紙2に，「特別活動の記録については，各学校が自ら定めた特別活動全体に係る評価の観点を記入した上で，各活動・学校行事ごとに，評価の観点に照らして十分満足できる活動の状況にあると判断される場合に，○印を記入する」とされている。また，「評価の観点については，学習指導要領等に示す特別活動の目標を踏まえ，各学校において改善等通知別紙4を参考に定める。その際，特別活動の特質や学校として重点化した内容を踏まえ，例えば『主体的に生活や人間関係をよりよくしようとする態度』などのように，より具体的に定めることも考えられる。記入に当たっては，特別活動の学習が学校や学級における集団活動や生活を対象に行われるという特質に留意する」とされている（小学校等についても別紙1に同旨）。

　なお，特別活動は学級担任以外の教師が指導する活動が多いことから，評価体制を確立し，共通理解を図って，児童生徒のよさや可能性を多面的・総合的に評価するとともに，確実に資質・能力が育成されるよう指導の改善に生かすことが求められる。

6　障害のある児童生徒の学習評価について

　学習評価に関する基本的な考え方は，障害のある児童生徒の学習評価についても変わるものではない。

　障害のある児童生徒については，特別支援学校等の助言又は援助を活用しつつ，個々の児童生徒の障害の状態や特性及び心身の発達の段階に応じた指導内容や指導方法の工夫を行い，その評価を適切に行うことが必要である。また，指導内容や指導方法の工夫については，学習指導要領の各教科の「指導計画の作成と内容の取扱い」の「指導計画作成上の配慮事項」の「障害のある児童生徒への配慮についての事項」についての学習指導要領解説も参考となる。

7　評価の方針等の児童生徒や保護者への共有について

　学習評価の妥当性や信頼性を高めるとともに，児童生徒自身に学習の見通しをもたせるために，学習評価の方針を事前に児童生徒と共有する場面を必要に応じて設けることが求められており，児童生徒に評価の結果をフィードバックする際にも，どのような方針によって評価したのかを改めて児童生徒に共有することも重要である。

　また，新学習指導要領下での学習評価の在り方や基本方針等について，様々な機会を捉えて保護者と共通理解を図ることが非常に重要である。

第2章　学習評価の基本的な流れ

1　各教科における評価規準の作成及び評価の実施等について

（1）目標と観点の趣旨との対応関係について

　　評価規準の作成に当たっては，各学校の実態に応じて目標に準拠した評価を行うために，「評価の観点及びその趣旨[4]」が各教科等の目標を踏まえて作成されていること，また同様に，「学年別（又は分野別）の評価の観点の趣旨[5]」が学年（又は分野）の目標を踏まえて作成されていることを確認することが必要である。

　　なお，「主体的に学習に取り組む態度」の観点は，教科等及び学年（又は分野）の目標の（3）に対応するものであるが，観点別学習状況の評価を通じて見取ることができる部分をその内容として整理し，示していることを確認することが必要である。（図5，6参照）

図5

【学習指導要領「教科の目標」】

学習指導要領　各教科等の「第1　目標」

(1)	(2)	(3)
（知識及び技能に関する目標）	（思考力，判断力，表現力等に関する目標）	（学びに向かう力，人間性等に関する目標）[6]

【改善等通知「評価の観点及びその趣旨」】

改善等通知　別紙4　評価の観点及びその趣旨

観点	知識・技能	思考・判断・表現	主体的に学習に取り組む態度
趣旨	（知識・技能の観点の趣旨）	（思考・判断・表現の観点の趣旨）	（主体的に学習に取り組む態度の観点の趣旨）

---

[4] 各教科等の学習指導要領の目標の規定を踏まえ，観点別学習状況の評価の対象とするものについて整理したものが教科等の観点の趣旨である。

[5] 各学年（又は分野）の学習指導要領の目標を踏まえ，観点別学習状況の評価の対象とするものについて整理したものが学年別（又は分野別）の観点の趣旨である。

[6] 学びに向かう力，人間性等に関する目標には，個人内評価として実施するものも含まれている。（P.8 図3参照）※学年（又は分野）の目標についても同様である。

図6

【学習指導要領「学年（又は分野）の目標」】

学習指導要領　各教科等の「第2　各学年の目標及び内容」の学年ごとの「1　目標」

(1)	(2)	(3)
（知識及び技能に関する目標）	（思考力，判断力，表現力等に関する目標）	（学びに向かう力，人間性等に関する目標）

⬇ ⬇ ⬇

【改善等通知　別紙4「学年別（又は分野別）の評価の観点の趣旨」】

観点	知識・技能	思考・判断・表現	主体的に学習に取り組む態度
趣旨	（知識・技能の観点の趣旨）	（思考・判断・表現の観点の趣旨）	（主体的に学習に取り組む態度の観点の趣旨）

（2）「内容のまとまりごとの評価規準」とは

　　本参考資料では，評価規準の作成等について示す。具体的には，学習指導要領の規定から「内容のまとまりごとの評価規準」を作成する際の手順を示している。ここでの「内容のまとまり」とは，学習指導要領に示す各教科等の「第2　各学年の目標及び内容　2　内容」の項目等をそのまとまりごとに細分化したり整理したりしたものである[7]。平成29年改訂学習指導要領においては資質・能力の三つの柱に基づく構造化が行われたところであり，基本的には，学習指導要領に示す各教科等の「第2　各学年（分野）の目標及び内容」の「2　内容」において[8]，「内容のまとまり」ごとに育成を目指す資質・

---

[7] 各教科等の学習指導要領の「第3　指導計画の作成と内容の取扱い」1(1)に「単元（題材）などの内容や時間のまとまり」という記載があるが，この「内容や時間のまとまり」と，本参考資料における「内容のまとまり」は同義ではないことに注意が必要である。前者は，主体的・対話的で深い学びを実現するため，主体的に学習に取り組めるよう学習の見通しを立てたり学習したことを振り返ったりして自身の学びや変容を自覚できる場面をどこに設定するか，対話によって自分の考えなどを広げたり深めたりする場面をどこに設定するか，学びの深まりをつくりだすために，児童生徒が考える場面と教師が教える場面をどのように組み立てるか，といった視点による授業改善は，1単位時間の授業ごとに考えるのではなく，単元や題材などの一定程度のまとまりごとに検討されるべきであることが示されたものである。後者（本参考資料における「内容のまとまり」）については，本文に述べるとおりである。

[8] 小学校家庭においては，「第2　各学年の内容」，「1　内容」，小学校外国語・外国語活動，中学校外国語においては，「第2　各言語の目標及び内容等」，「1　目標」である。

能力が示されている。このため,「2 内容」の記載はそのまま学習指導の目標となりうるものである[9]。学習指導要領の目標に照らして観点別学習状況の評価を行うに当たり,児童生徒が資質・能力を身に付けた状況を表すために,「2 内容」の記載事項の文末を「〜すること」から「〜している」と変換したもの等を,本参考資料において「内容のまとまりごとの評価規準」と呼ぶこととする[10]。

ただし,「主体的に学習に取り組む態度」に関しては,特に,児童生徒の学習への継続的な取組を通して現れる性質を有すること等から[11],「2 内容」に記載がない[12]。そのため,各学年(又は分野)の「1 目標」を参考にしつつ,必要に応じて,改善等通知別紙4に示された学年(又は分野)別の評価の観点の趣旨のうち「主体的に学習に取り組む態度」に関わる部分を用いて「内容のまとまりごとの評価規準」を作成する必要がある。

なお,各学校においては,「内容のまとまりごとの評価規準」の考え方を踏まえて,学習評価を行う際の評価規準を作成する。

(3)「内容のまとまりごとの評価規準」を作成する際の基本的な手順

各教科における,「内容のまとまりごとの評価規準」を作成する際の基本的な手順は以下のとおりである。

学習指導要領に示された教科及び学年(又は分野)の目標を踏まえて,「評価の観点及びその趣旨」が作成されていることを理解した上で,

① 各教科における「内容のまとまり」と「評価の観点」との関係を確認する。

② 【観点ごとのポイント】を踏まえ,「内容のまとまりごとの評価規準」を作成する。

---

[9] 「2 内容」において示されている指導事項等を整理することで「内容のまとまり」を構成している教科もある。この場合は,整理した資質・能力をもとに,構成された「内容のまとまり」に基づいて学習指導の目標を設定することとなる。また,目標や評価規準の設定は,教育課程を編成する主体である各学校が,学習指導要領に基づきつつ児童生徒や学校,地域の実情に応じて行うことが必要である。

[10] 小学校家庭,中学校技術・家庭(家庭分野)については,学習指導要領の目標及び分野の目標の(2)に思考力・判断力・表現力等の育成に係る学習過程が記載されているため,これらを踏まえて「内容のまとまりごとの評価規準」を作成する必要がある。

[11] 各教科等の特性によって単元や題材など内容や時間のまとまりはさまざまであることから,評価を行う際は,それぞれの実現状況が把握できる段階について検討が必要である。

[12] 各教科等によって,評価の対象に特性があることに留意する必要がある。例えば,体育・保健体育科の運動に関する領域においては,公正や協力などを,育成する「態度」として学習指導要領に位置付けており,各教科等の目標や内容に対応した学習評価が行われることとされている。

①，②については，第2編において詳述する。同様に，【観点ごとのポイント】についても，第2編に各教科等において示している。

（4）評価の計画を立てることの重要性

学習指導のねらいが児童生徒の学習状況として実現されたかについて，評価規準に照らして観察し，毎時間の授業で適宜指導を行うことは，育成を目指す資質・能力を児童生徒に育むためには不可欠である。その上で，評価規準に照らして，観点別学習状況の評価をするための記録を取ることになる。そのためには，いつ，どのような方法で，児童生徒について観点別学習状況を評価するための記録を取るのかについて，評価の計画を立てることが引き続き大切である。

毎時間児童生徒全員について記録を取り，総括の資料とするために蓄積することは現実的ではないことからも，児童生徒全員の学習状況を記録に残す場面を精選し，かつ適切に評価するための評価の計画が一層重要になる。

（5）観点別学習状況の評価に係る記録の総括

適切な評価の計画の下に得た，児童生徒の観点別学習状況の評価に係る記録の総括の時期としては，単元（題材）末，学期末，学年末等の節目が考えられる。

総括を行う際，観点別学習状況の評価に係る記録が，観点ごとに複数ある場合は，例えば，次のような方法が考えられる。

・ **評価結果のＡ，Ｂ，Ｃの数を基に総括する場合**

何回か行った評価結果のＡ，Ｂ，Ｃの数が多いものが，その観点の学習の実施状況を最もよく表現しているとする考え方に立つ総括の方法である。例えば，3回評価を行った結果が「ＡＢＢ」ならばＢと総括することが考えられる。なお，「ＡＡＢＢ」の総括結果をＡとするかＢとするかなど，同数の場合や三つの記号が混在する場合の総括の仕方をあらかじめ各学校において決めておく必要がある。

・ **評価結果のＡ，Ｂ，Ｃを数値に置き換えて総括する場合**

何回か行った評価結果Ａ，Ｂ，Ｃを，例えばＡ＝3，Ｂ＝2，Ｃ＝1のように数値によって表し，合計したり平均したりする総括の方法である。例えば，総括の結果をＢとする範囲を ［2.5≧平均値≧1.5］ とすると，「ＡＢＢ」の平均値は，約2.3 ［（3＋2＋2）÷3］ で総括の結果はＢとなる。

なお，評価の各節目のうち特定の時点に重きを置いて評価を行う場合など，この例のような平均値による方法以外についても様々な総括の方法が考えられる。

（6）観点別学習状況の評価の評定への総括

評定は，各教科の観点別学習状況の評価を総括した数値を示すものである。評定は，児童生徒がどの教科の学習に望ましい学習状況が認められ，どの教科の学習に課題が

認められるのかを明らかにすることにより，教育課程全体を見渡した学習状況の把握と指導や学習の改善に生かすことを可能とするものである。

評定への総括は，学期末や学年末などに行われることが多い。学年末に評定へ総括する場合には，学期末に総括した評定の結果を基にする場合と，学年末に観点ごとに総括した結果を基にする場合が考えられる。

観点別学習状況の評価の評定への総括は，各観点の評価結果をA，B，Cの組合せ，又は，A，B，Cを数値で表したものに基づいて総括し，その結果を小学校では3段階，中学校では5段階で表す。

A，B，Cの組合せから評定に総括する場合，各観点とも同じ評価がそろう場合は，小学校については，「BBB」であれば2を基本としつつ，「AAA」であれば3，「CCC」であれば1とするのが適当であると考えられる。中学校については，「BBB」であれば3を基本としつつ，「AAA」であれば5又は4，「CCC」であれば2又は1とするのが適当であると考えられる。それ以外の場合は，各観点のA，B，Cの数の組合せから適切に評定することができるようあらかじめ各学校において決めておく必要がある。

なお，観点別学習状況の評価結果は，「十分満足できる」状況と判断されるものをA，「おおむね満足できる」状況と判断されるものをB，「努力を要する」状況と判断されるものをCのように表されるが，そこで表された学習の実現状況には幅があるため，機械的に評定を算出することは適当ではない場合も予想される。

また，評定は，小学校については，小学校学習指導要領等に示す各教科の目標に照らして，その実現状況を「十分満足できる」状況と判断されるものを3，「おおむね満足できる」状況と判断されるものを2，「努力を要する」状況と判断されるものを1，中学校については，中学校学習指導要領等に示す各教科の目標に照らして，その実現状況を「十分満足できるもののうち，特に程度が高い」状況と判断されるものを5，「十分満足できる」状況と判断されるものを4，「おおむね満足できる」状況と判断されるものを3，「努力を要する」状況と判断されるものを2，「一層努力を要する」状況と判断されるものを1という数値で表される。しかし，この数値を児童生徒の学習状況について三つ（小学校）又は五つ（中学校）に分類したものとして捉えるのではなく，常にこの結果の背景にある児童生徒の具体的な学習の実現状況を思い描き，適切に捉えることが大切である。評定への総括に当たっては，このようなことも十分に検討する必要がある[13]。

なお，各学校では観点別学習状況の評価の観点ごとの総括及び評定への総括の考え

---

[13] 改善等通知では，「評定は各教科の学習の状況を総括的に評価するものであり，『観点別学習状況』において掲げられた観点は，分析的な評価を行うものとして，各教科の評定を行う場合において基本的な要素となるものであることに十分留意する。その際，評定の適切な決定方法等については，各学校において定める。」と示されている。（P.7，8参照）

方や方法について，教師間で共通理解を図り，児童生徒及び保護者に十分説明し理解を得ることが大切である。

2 総合的な学習の時間における評価規準の作成及び評価の実施等について

（1）総合的な学習の時間の「評価の観点」について

平成29年改訂学習指導要領では，各教科等の目標や内容を「知識及び技能」，「思考力，判断力，表現力等」，「学びに向かう力，人間性等」の資質・能力の三つの柱で再整理しているが，このことは総合的な学習の時間においても同様である。

総合的な学習の時間においては，学習指導要領が定める目標を踏まえて各学校が目標や内容を設定するという総合的な学習の時間の特質から，各学校が観点を設定するという枠組みが維持されている。一方で，各学校が目標や内容を定める際には，学習指導要領において示された以下について考慮する必要がある。

【各学校において定める目標】

・ 各学校において定める目標については，各学校における教育目標を踏まえ，総合的な学習の時間を通して育成を目指す資質・能力を示すこと。 （第2の3(1)）

総合的な学習の時間を通して育成を目指す資質・能力を示すとは，各学校における教育目標を踏まえて，各学校において定める目標の中に，この時間を通して育成を目指す資質・能力を，三つの柱に即して具体的に示すということである。

【各学校において定める内容】

・ 探究課題の解決を通して育成を目指す具体的な資質・能力については，次の事項に配慮すること。

ア 知識及び技能については，他教科等及び総合的な学習の時間で習得する知識及び技能が相互に関連付けられ，社会の中で生きて働くものとして形成されるようにすること。

イ 思考力，判断力，表現力等については，課題の設定，情報の収集，整理・分析，まとめ・表現などの探究的な学習の過程において発揮され，未知の状況において活用できるものとして身に付けられるようにすること。

ウ 学びに向かう力，人間性等については，自分自身に関すること及び他者や社会との関わりに関することの両方の視点を踏まえること。 （第2の3(6)）

各学校において定める内容について，今回の改訂では新たに，「目標を実現するにふさわしい探究課題」，「探究課題の解決を通して育成を目指す具体的な資質・能力」の二つを定めることが示された。「探究課題の解決を通して育成を目指す具体的な資質・能力」とは，各学校において定める目標に記された資質・能力を，各探究課題に即して具体的に示したものであり，教師の適切な指導の下，児童生徒が各探究課題の解決に取り組む中で，育成することを目指す資質・能力のことである。この具体的な資質・能力も，「知識及び技能」，「思考力，判断力，表現力等」，「学びに向かう力，人間性等」という

資質・能力の三つの柱に即して設定していくことになる。

　このように，各学校において定める目標と内容には，三つの柱に沿った資質・能力が明示されることになる。

　したがって，資質・能力の三つの柱で再整理した新学習指導要領の下での指導と評価の一体化を推進するためにも，評価の観点についてこれらの資質・能力に関わる「知識・技能」，「思考・判断・表現」，「主体的に学習に取り組む態度」の3観点に整理し示したところである。

（2）総合的な学習の時間の「内容のまとまり」の考え方

　学習指導要領の第2の2では，「各学校においては，第1の目標を踏まえ，各学校の総合的な学習の時間の内容を定める。」とされており，各教科のようにどの学年で何を指導するのかという内容を明示していない。これは，各学校が，学習指導要領が定める目標の趣旨を踏まえて，地域や学校，児童生徒の実態に応じて，創意工夫を生かした内容を定めることが期待されているからである。

　この内容の設定に際しては，前述したように「目標を実現するにふさわしい探究課題」，「探究課題の解決を通して育成を目指す具体的な資質・能力」の二つを定めることが示され，探究課題としてどのような対象と関わり，その探究課題の解決を通して，どのような資質・能力を育成するのかが内容として記述されることになる。（図7参照）

図7

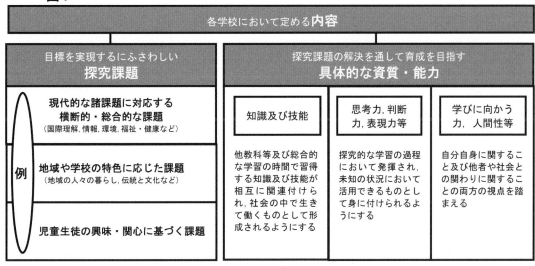

　本参考資料第1編第2章の1（2）では，「内容のまとまり」について，「学習指導要領に示す各教科等の『第2　各学年の目標及び内容　2　内容』の項目等をそのまとまりごとに細分化したり整理したりしたもので，『内容のまとまり』ごとに育成を目指す資質・能力が示されている」と説明されている。

　したがって，総合的な学習の時間における「内容のまとまり」とは，全体計画に示した「目標を実現するにふさわしい探究課題」のうち，一つ一つの探究課題とその探究課題に応じて定めた具体的な資質・能力と考えることができる。

（3）「内容のまとまりごとの評価規準」を作成する際の基本的な手順

　総合的な学習の時間における，「内容のまとまりごとの評価規準」を作成する際の基本的な手順は以下のとおりである。

> ①　各学校において定めた目標（第2の1）と「評価の観点及びその趣旨」を確認する。

> ②　各学校において定めた内容の記述（「内容のまとまり」として探究課題ごとに作成した「探究課題の解決を通して育成を目指す具体的な資質・能力」）が，観点ごとにどのように整理されているかを確認する。

> ③　【観点ごとのポイント】を踏まえ，「内容のまとまりごとの評価規準」を作成する。

3　特別活動の「評価の観点」とその趣旨，並びに評価規準の作成及び評価の実施等について

（1）特別活動の「評価の観点」とその趣旨について

　特別活動においては，改善等通知において示されたように，特別活動の特質と学校の創意工夫を生かすということから，設置者ではなく，「各学校で評価の観点を定める」ものとしている。本参考資料では「評価の観点」とその趣旨の設定について示している。

（2）特別活動の「内容のまとまり」

　小学校においては，学習指導要領の内容の〔学級活動〕「（1）学級や学校における生活づくりへの参画」，「（2）日常の生活や学習への適応と自己の成長及び健康安全」，「（3）一人一人のキャリア形成と自己実現」，〔児童会活動〕，〔クラブ活動〕，〔学校行事〕（1）儀式的行事，（2）文化的行事，（3）健康安全・体育的行事，（4）遠足・集団宿泊的行事，（5）勤労生産・奉仕的行事を「内容のまとまり」とした。

　中学校においては，学習指導要領の内容の〔学級活動〕「（1）学級や学校における生活づくりへの参画」，「（2）日常の生活や学習への適応と自己の成長及び健康安全」，「（3）一人一人のキャリア形成と自己実現」，〔生徒会活動〕，〔学校行事〕（1）儀式的行事，（2）文化的行事，（3）健康安全・体育的行事，（4）旅行・集団宿泊的行事，（5）勤労生産・奉仕的行事を「内容のまとまり」とした。

（3）特別活動の「評価の観点」とその趣旨，並びに「内容のまとまりごとの評価規準」を作成する際の基本的な手順

　各学校においては，学習指導要領に示された特別活動の目標及び内容を踏まえ，自校の実態に即し，改善等通知の例示を参考に観点を作成する。その際，例えば，特別活動の特質や学校として重点化した内容を踏まえて，具体的な観点を設定することが考えられる。

　また，学習指導要領解説では，各活動・学校行事の内容ごとに育成を目指す資質・能力が例示されている。そこで，学習指導要領で示された「各活動・学校行事の目標」及び学習指導要領解説で例示された「資質・能力」を確認し，各学校の実態に合わせて育成を目指す資質・能力を重点化して設定する。

　次に，各学校で設定した，各活動・学校行事で育成を目指す資質・能力を踏まえて，「内容のまとまりごとの評価規準」を作成する。その際，小学校の学級活動においては，学習指導要領で示した「各学年段階における配慮事項」や，学習指導要領解説に示した「発達の段階に即した指導のめやす」を踏まえて，低・中・高学年ごとに評価規準を作成することが考えられる。基本的な手順は以下のとおりである。

①　学習指導要領の「特別活動の目標」と改善等通知を確認する。
②　学習指導要領の「特別活動の目標」と自校の実態を踏まえ，改善等通知の例示を参考に，特別活動の「評価の観点」とその趣旨を設定する。
③　学習指導要領の「各活動・学校行事の目標」及び学習指導要領解説特別活動編（平成 29 年 7 月）で例示した「各活動・学校行事における育成を目指す資質・能力」を参考に，各学校において育成を目指す資質・能力を重点化して設定する。
④　【観点ごとのポイント】を踏まえ，「内容のまとまりごとの評価規準」を作成する。

（参考）平成 23 年「評価規準の作成，評価方法等の工夫改善のための参考資料」からの
　　　　変更点について

　今回作成した本参考資料は，平成 23 年の「評価規準の作成，評価方法等の工夫改善の
ための参考資料」を踏襲するものであるが，以下のような変更点があることに留意が必要
である[14]。

　まず，平成 23 年の参考資料において使用していた「評価規準に盛り込むべき事項」や
「評価規準の設定例」については，報告において「現行の参考資料のように評価規準を詳
細に示すのではなく，各教科等の特質に応じて，学習指導要領の規定から評価規準を作成
する際の手順を示すことを基本とする」との指摘を受け，第 2 編において示すことを改
め，本参考資料の第 3 編における事例の中で，各教科等の事例に沿った評価規準を例示し
たり，その作成手順等を紹介したりする形に改めている。

　次に，本参考資料の第 2 編に示す「内容のまとまりごとの評価規準」は，平成 23 年の
「評価規準の作成，評価方法等の工夫改善のための参考資料」において示した「評価規準
に盛り込むべき事項」と作成の手順を異にする。具体的には，「評価規準に盛り込むべき
事項」は，平成 20 年改訂学習指導要領における各教科等の目標，各学年（又は分野）の
目標及び内容の記述を基に，学習評価及び指導要録の改善通知で示している各教科等の
評価の観点及びその趣旨，学年（又は分野）別の評価の観点の趣旨を踏まえて作成したも
のである。

　また，平成 23 年の参考資料では「評価規準に盛り込むべき事項」をより具体化したも
のを「評価規準の設定例」として示している。「評価規準の設定例」は，原則として，学
習指導要領の各教科等の目標，学年（又は分野）別の目標及び内容のほかに，当該部分の
学習指導要領解説（文部科学省刊行）の記述を基に作成していた。他方，本参考資料にお
ける「内容のまとまりごとの評価規準」については，平成 29 年改訂の学習指導要領の目
標及び内容が育成を目指す資質・能力に関わる記述で整理されたことから，既に確認のと
おり，そこでの「内容のまとまり」ごとの記述を，文末を変換するなどにより評価規準と
することを可能としており，学習指導要領の記載と表裏一体をなす関係にあると言える。

　さらに，「主体的に学習に取り組む態度」の「各教科等・各学年等の評価の観点の趣旨」
についてである。前述のとおり，従前の「関心・意欲・態度」の観点から「主体的に学習
に取り組む態度」の観点に改められており，「主体的に学習に取り組む態度」の観点に関
しては各学年（又は分野）の「1　目標」を参考にしつつ，必要に応じて，改善等通知別
紙 4 に示された学年（又は分野）別の評価の観点の趣旨のうち「主体的に学習に取り組む
態度」に関わる部分を用いて「内容のまとまりごとの評価規準」を作成する必要がある。

---

[14] 特別活動については，これまでも三つの観点に基づいて児童生徒の資質・能力の育成を
目指し，指導に生かしてきたところであり，上記の変更点に該当するものではないことに
留意が必要である。

報告にあるとおり，「主体的に学習に取り組む態度」は，現行の「関心・意欲・態度」の観点の本来の趣旨であった，各教科等の学習内容に関心をもつことのみならず，よりよく学ぼうとする意欲をもって学習に取り組む態度を評価することを改めて強調するものである。また，本観点に基づく評価としては，「主体的に学習に取り組む態度」に係る各教科等の評価の観点の趣旨に照らし，

① 知識及び技能を獲得したり，思考力，判断力，表現力等を身に付けたりすることに向けた粘り強い取組を行おうとする側面と，

② ①の粘り強い取組を行う中で，自らの学習を調整しようとする側面，

という二つの側面を評価することが求められるとされた[15]。

以上の点から，今回の改善等通知で示した「主体的に学習に取り組む態度」の「各教科等・各学年等の評価の観点の趣旨」は，平成22年通知で示した「関心・意欲・態度」の「各教科等・各学年等の評価の観点の趣旨」から改められている。

---

[15] 各教科等によって，評価の対象に特性があることに留意する必要がある。例えば，体育・保健体育科の運動に関する領域においては，公正や協力などを，育成する「態度」として学習指導要領に位置付けており，各教科等の目標や内容に対応した学習評価が行われることとされている。

第2編

「内容のまとまりごとの評価規準」
を作成する際の手順

1　中学校理科の「内容のまとまり」

中学校理科における「内容のまとまり」は，以下のようになっている。

〔第1分野〕	〔第2分野〕
2　内容	2　内容
⑴　身近な物理現象	⑴　いろいろな生物とその共通点
⑵　身の回りの物質	⑵　大地の成り立ちと変化
⑶　電流とその利用	⑶　生物の体のつくりと働き
⑷　化学変化と原子・分子	⑷　気象とその変化
⑸　運動とエネルギー	⑸　生命の連続性
⑹　化学変化とイオン	⑹　地球と宇宙
⑺　科学技術と人間	⑺　自然と人間

2　中学校理科における「内容のまとまりごとの評価規準」作成の手順

　　ここでは，第1分野「(1) 身近な物理現象」，第2分野「(1) いろいろな生物とその共通点」を取り上げて，「内容のまとまりごとの評価規準」作成の手順を説明する。

　　まず，学習指導要領に示された教科及び分野の目標を踏まえて，「評価の観点及びその趣旨」が作成されていることを理解する。その上で，①及び②の手順を踏む。

＜例1　第1分野「(1) 身近な物理現象」＞

【中学校学習指導要領 第2章 第4節　理科「第1　目標」】

　　自然の事物・現象に関わり，理科の見方・考え方を働かせ，見通しをもって観察，実験を行うことなどを通して，自然の事物・現象を科学的に探究するために必要な資質・能力を次のとおり育成することを目指す。

(1)	(2)	(3)
自然の事物・現象についての理解を深め，科学的に探究するために必要な観察，実験などに関する基本的な技能を身に付けるようにする。	観察，実験などを行い，科学的に探究する力を養う。	自然の事物・現象に進んで関わり，科学的に探究しようとする態度を養う。

（中学校学習指導要領 P.78）

【改善等通知 別紙4　理科（1）評価の観点及びその趣旨　＜中学校　理科＞】

知識・技能	思考・判断・表現	主体的に学習に取り組む態度
自然の事物・現象についての基本的な概念や原理・法則などを理解しているとともに，科学的に探究するために必要な観察，実験などに関する基本操作や記録などの基本的な技能を身に付けている。	自然の事物・現象から問題を見いだし，見通しをもって観察，実験などを行い，得られた結果を分析して解釈し，表現するなど，科学的に探究している。	自然の事物・現象に進んで関わり，見通しをもったり振り返ったりするなど，科学的に探究しようとしている。

（改善等通知　別紙4　P.11）

【中学校学習指導要領 第2章 第4節　理科「第2　各分野の目標及び内容」〔第1分野〕 1　目標】

　物質やエネルギーに関する事物・現象を科学的に探究するために必要な資質・能力を次のとおり育成することを目指す。

(1)	(2)	(3)
物質やエネルギーに関する事物・現象についての観察，実験などを行い，身近な物理現象，電流とその利用，運動とエネルギー，身の回りの物質，化学変化と原子・分子，化学変化とイオンなどについて理解するとともに，科学技術の発展と人間生活との関わりについて認識を深めるようにする。また，それらを科学的に探究するために必要な観察，実験などに関する基本的な技能を身に付けるようにする。	物質やエネルギーに関する事物・現象に関わり，それらの中に問題を見いだし見通しをもって観察，実験などを行い，その結果を分析して解釈し表現するなど，科学的に探究する活動を通して，規則性を見いだしたり課題を解決したりする力を養う。	物質やエネルギーに関する事物・現象に進んで関わり，科学的に探究しようとする態度を養うとともに，自然を総合的に見ることができるようにする。

（中学校学習指導要領 P.78）

【改善等通知　別紙4　理科（2）学年・分野別の評価の観点の趣旨　＜中学校　理科＞第1分野】

知識・技能	思考・判断・表現	主体的に学習に取り組む態度
物質やエネルギーに関する事物・現象についての基本的な概念や原理・法則などを理解しているとともに，科学的に探究するために必要な観察，実験などに関する基本操作や記録などの基本的な技能を身に付けている。	物質やエネルギーに関する事物・現象から問題を見いだし，見通しをもって観察，実験などを行い，得られた結果を分析して解釈し，表現するなど，科学的に探究している。	物質やエネルギーに関する事物・現象に進んで関わり，見通しをもったり振り返ったりするなど，科学的に探究しようとしている。

（改善等通知　別紙4　P.12）

① 各教科における「内容のまとまり」と「評価の観点」との関係を確認する。

(1) 身近な物理現象

　身近な物理現象についての観察，実験などを通して，次の事項を身に付けることができるよう指導する。

ア　身近な物理現象を日常生活や社会と関連付けながら，次のことを理解するとともに，それらの観察，実験などに関する技能を身に付けること。

　(ア) 光と音

　　㋐　光の反射・屈折

　　　光の反射や屈折の実験を行い，光が水やガラスなどの物質の境界面で反射，屈折するときの規則性を見いだして理解すること。

　　㋑　凸レンズの働き

　　　凸レンズの働きについての実験を行い，物体の位置と像のでき方との関係を見いだして理解すること。

　　㋒　音の性質

　　　音についての実験を行い，音はものが振動することによって生じ空気中などを伝わること及び音の高さや大きさは発音体の振動の仕方に関係することを見いだして理解すること。

　(イ) 力の働き

　　㋐　力の働き

　　　物体に力を働かせる実験を行い，物体に力が働くとその物体が変形したり動き始めたり，運動の様子が変わったりすることを見いだして理解するとともに，力は大きさと向きによって表されることを知ること。また，物体に働く２力についての実験を行い，力がつり合うときの条件を見いだして理解すること。

イ　身近な物理現象について，問題を見いだし見通しをもって観察，実験などを行い，光の反射や屈折，凸レンズの働き，音の性質，力の働きの規則性や関係性を見いだして表現すること。

> ＿（下線）…知識及び技能に関する内容
> ～（波線）…思考力，判断力，表現力等に関する内容

＊**大項目**　(1) 身近な物理現象

＊**中項目**　(ア) 光と音

＊**小項目**　㋐　光の反射・屈折　　㋑　凸レンズの働き　　㋒　音の性質

＊**中項目**　(イ) 力の働き

＊**小項目**　㋐　力の働き

② **【観点ごとのポイント】を踏まえ，「内容のまとまりごとの評価規準」を作成する。**

（１）「内容のまとまりごとの評価規準」を作成する際の【観点ごとのポイント】

〇 「知識・技能」のポイント
　　・学習指導要領の「２　内容」における大項目の中のアの「次のこと」を「中項目名」に代え，「〜を理解するとともに」を「〜を理解しているとともに」，「〜を身に付けること」を「〜を身に付けている」として，「内容のまとまりごとの評価規準」を作成する。

〇 「思考・判断・表現」のポイント
　　・学習指導要領の「２　内容」における大項目の中のイの「見いだして表現すること」を「見いだして表現している」として，「内容のまとまりごとの評価規準」を作成する。

〇 「主体的に学習に取り組む態度」のポイント
　　・「主体的に学習に取り組む態度」については，学習指導要領の「２　内容」に育成を目指す資質・能力が示されていないことから，「分野別の評価の観点の趣旨」（第１分野）の冒頭に記載されている「物質やエネルギーに関する事物・現象」を「（大項目名）に関する事物・現象」に代えて，「内容のまとまりごとの評価規準」を作成する。

（２）学習指導要領の「２　内容」　及び　「内容のまとまりごとの評価規準（例）」

学習指導要領 ２ 内容	知識及び技能	思考力，判断力，表現力等	学びに向かう力，人間性等
	ア　身近な物理現象を日常生活や社会と関連付けながら，次のことを理解するとともに，それらの観察，実験などに関する技能を身に付けること。	イ　身近な物理現象について，問題を見いだし見通しをもって観察，実験などを行い，光の反射や屈折，凸レンズの働き，音の性質，力の働きの規則性や関係性を見いだして表現すること。	※　内容には，学びに向かう力，人間性等について示されていないことから，該当分野の目標(3)を参考にする。

内容のまとまりごとの評価規準例	知識・技能	思考・判断・表現	主体的に学習に取り組む態度
	身近な物理現象を日常生活や社会と関連付けながら，光と音，力の働きを理解しているとともに，それらの観察，実験などに関する技能を身に付けている。	身近な物理現象について，問題を見いだし見通しをもって観察，実験などを行い，光の反射や屈折，凸レンズの働き，音の性質，力の働きの規則性や関係性を見いだして表現している。	身近な物理現象に関する事物・現象に進んで関わり，見通しをもったり振り返ったりするなど，科学的に探究しようとしている。 ※分野別の評価の観点の趣旨のうち「主体的に学習に取り組む態度」に関わる部分を用いて作成する。

＜例２　第２分野「(1) いろいろな生物とその共通点」＞

【中学校学習指導要領 第２章 第４節　理科「第１ 目標」】及び【改善等通知 別紙４　理科（１）評価の観点及びその趣旨　＜中学校　理科＞】

　＜例１＞と同様のため省略

【中学校学習指導要領 第２章 第４節　理科「第２ 各分野の目標及び内容」〔第２分野〕１ 目標】

　生命や地球に関する事物・現象を科学的に探究するために必要な資質・能力を次のとおり育成することを目指す。

(1)	(2)	(3)
生命や地球に関する事物・現象についての観察，実験などを行い，生物の体のつくりと働き，生命の連続性，大地の成り立ちと変化，気象とその変化，地球と宇宙などについて理解するとともに，科学的に探究するために必要な観察，実験などに関する基本的な技能を身に付けるようにする。	生命や地球に関する事物・現象に関わり，それらの中に問題を見いだし見通しをもって観察，実験などを行い，その結果を分析して解釈し表現するなど，科学的に探究する活動を通して，多様性に気付くとともに規則性を見いだしたり課題を解決したりする力を養う。	生命や地球に関する事物・現象に進んで関わり，科学的に探究しようとする態度と，生命を尊重し，自然環境の保全に寄与する態度を養うとともに，自然を総合的に見ることができるようにする。

（中学校学習指導要領 P. 87, 88）

【改善等通知 別紙４　理科（２）学年・分野別の評価の観点の趣旨　＜中学校　理科＞第２分野】

知識・技能	思考・判断・表現	主体的に学習に取り組む態度
生命や地球に関する事物・現象についての基本的な概念や原理・法則などを理解しているとともに，科学的に探究するために必要な観察，実験などに関する基本操作や記録などの基本的な技能を身に付けている。	生命や地球に関する事物・現象から問題を見いだし，見通しをもって観察，実験などを行い，得られた結果を分析して解釈し，表現するなど，科学的に探究している。	生命や地球に関する事物・現象に進んで関わり，見通しをもったり振り返ったりするなど，科学的に探究しようとしている。

（改善等通知　別紙４　P. 12）

① 各教科における「内容のまとまり」と「評価の観点」との関係を確認する。

（1）いろいろな生物とその共通点

　　身近な生物についての観察，実験などを通して，次の事項を身に付けることができるよう指導する。

ア　いろいろな生物の共通点と相違点に着目しながら，次のことを理解するとともに，それらの観察，実験などに関する技能を身に付けること。

　（ア）生物の観察と分類の仕方

　　　㋐　生物の観察

　　　　校庭や学校周辺の生物の観察を行い，いろいろな生物が様々な場所で生活していることを見いだして理解するとともに，観察器具の操作，観察記録の仕方などの技能を身に付けること。

　　　㋑　生物の特徴と分類の仕方

　　　　いろいろな生物を比較して見いだした共通点や相違点を基にして分類できることを理解するとともに，分類の仕方の基礎を身に付けること。

　（イ）生物の体の共通点と相違点

　　　㋐　植物の体の共通点と相違点

　　　　身近な植物の外部形態の観察を行い，その観察記録などに基づいて，共通点や相違点があることを見いだして，植物の体の基本的なつくりを理解すること。また，その共通点や相違点に基づいて植物が分類できることを見いだして理解すること。

　　　㋑　動物の体の共通点と相違点

　　　　身近な動物の外部形態の観察を行い，その観察記録などに基づいて，共通点や相違点があることを見いだして，動物の体の基本的なつくりを理解すること。また，その共通点や相違点に基づいて動物が分類できることを見いだして理解すること。

イ　身近な生物についての観察，実験などを通して，いろいろな生物の共通点や相違点を見いだすとともに，生物を分類するための観点や基準を見いだして表現すること。

> 　（下線）…知識及び技能に関する内容
> 　（波線）…思考力，判断力，表現力等に関する内容

* **大項目**　（1）いろいろな生物とその共通点
* **中項目**　　（ア）生物の観察と分類の仕方
* **小項目**　　　㋐　生物の観察　　㋑　生物の特徴と分類の仕方
* **中項目**　　（イ）生物の体の共通点と相違点
* **小項目**　　　㋐　植物の体の共通点と相違点　　㋑　動物の体の共通点と相違点

② 【観点ごとのポイント】を踏まえ,「内容のまとまりごとの評価規準」を作成する。

（1）「内容のまとまりごとの評価規準」を作成する際の【観点ごとのポイント】

○「知識・技能」のポイント

・学習指導要領の「2 内容」における大項目の中のアの「次のこと」を「中項目名」に代え,「～を理解するとともに」を「～を理解しているとともに」,「～を身に付けること」を「～を身に付けている」として,「内容のまとまりごとの評価規準」を作成する。

○「思考・判断・表現」のポイント

・学習指導要領の「2 内容」における大項目の中のイの「見いだして表現すること」を「見いだして表現している」として,「内容のまとまりごとの評価規準」を作成する。

○「主体的に学習に取り組む態度」のポイント

・「主体的に学習に取り組む態度」については,学習指導要領の「2 内容」に育成を目指す資質・能力が示されていないことから,「分野別の評価の観点の趣旨」（第2分野）の冒頭に記載されている「生命や地球に関する事物・現象」を「（大項目名）に関する事物・現象」に代えて,「内容のまとまりごとの評価規準」を作成する。

・第2分野の学習指導要領の目標の「学びに向かう力,人間性等」における,「生命を尊重し,自然環境の保全に寄与する態度」については,観点別学習状況の評価にはなじまず,個人内評価等を通じて見取る部分であることに留意する必要がある。

（2）学習指導要領の「2 内容」 及び 「内容のまとまりごとの評価規準（例）」

学習指導要領 2 内容	知識及び技能	思考力,判断力,表現力等	学びに向かう力,人間性等
	ア いろいろな生物の共通点と相違点に着目しながら,次のことを理解するとともに,それらの観察,実験などに関する技能を身に付けること。	イ 身近な生物についての観察,実験などを通して,いろいろな生物の共通点や相違点を見いだすとともに,生物を分類するための観点や基準を見いだして表現すること。	※内容には,学びに向かう力,人間性等について示されていないことから,該当分野の目標(3)を参考にする。

内容のまとまりごとの評価規準 例	知識・技能	思考・判断・表現	主体的に学習に取り組む態度
	いろいろな生物の共通点と相違点に着目しながら,生物の観察と分類の仕方,生物の体の共通点と相違点を理解しているとともに,それらの観察,実験などに関する技能を身に付けている。	身近な生物についての観察,実験などを通して,いろいろな生物の共通点や相違点を見いだすとともに,生物を分類するための観点や基準を見いだして表現している。	いろいろな生物とその共通点に関する事物・現象に進んで関わり,見通しをもったり振り返ったりするなど,科学的に探究しようとしている。 ※分野別の評価の観点の趣旨のうち「主体的に学習に取り組む態度」に関わる部分を用いて作成する。

第３編

単元ごとの学習評価について
（事例）

第1章 「内容のまとまりごとの評価規準」の考え方を踏まえた評価規準の作成

1 本編事例における学習評価の進め方について

　単元における観点別学習状況の評価を実施するに当たり，まずは年間の指導と評価の計画を確認することが重要である。その上で，学習指導要領の目標や内容，「内容のまとまりごとの評価規準」の考え方等を踏まえ，以下のように進めることが考えられる。なお，複数の単元にわたって評価を行う場合など，以下の方法によらない事例もあることに留意する必要がある。

評価の進め方	留意点
1 単元の目標を作成する	○ 学習指導要領の目標や内容，学習指導要領解説等を踏まえて作成する。 ○ 生徒の実態，前単元までの学習状況等を踏まえて作成する。 ※ 単元の目標及び評価規準の関係性（イメージ）については下図参照
2 単元の評価規準を作成する	
3 「指導と評価の計画」を作成する	○ **1，2**を踏まえ，評価場面や評価方法等を計画する。 ○ どのような評価資料（生徒の反応やノート，ワークシート，作品等）を基に，「おおむね満足できる」状況（B）と評価するかを考えたり，「努力を要する」状況（C）への手立て等を考えたりする。
授業を行う	○ **3**に沿って観点別学習状況の評価を行い，生徒の学習改善や教師の指導改善につなげる。
4 観点ごとに総括する	○ 集めた評価資料やそれに基づく評価結果などから，観点ごとの総括的評価（A，B，C）を行う。

2 単元（中項目）の評価規準の作成のポイント

第1編において，『各学校においては，「内容のまとまりごとの評価規準」の考え方を踏まえて，学習評価を行う際の評価規準を作成する。』と示されている。

中学校理科においては，「各学校において学習評価を行う際の評価規準」を作成するための補足資料として，「単元（中項目）の評価規準（例）」を作成する手順を以下に示す。

（1）第1分野における「単元（中項目）の評価規準（例）」の作成について
＜例　第1分野の(1)ア(7)　光と音＞

単元（中項目）の評価規準は，「内容のまとまりごとの評価規準」を基に，第1分野の評価の観点の趣旨を踏まえて作成する。

● 学習指導要領の「2　内容(1)　身近な物理現象」 及び 「内容のまとまりごとの評価規準（例）」

学習指導要領2内容(1)	知識及び技能	思考力，判断力，表現力等	学びに向かう力，人間性等
	ア　身近な物理現象を日常生活や社会と関連付けながら，次のことを理解するとともに，それらの観察，実験などに関する技能を身に付けること。	イ　身近な物理現象について，問題を見いだし見通しをもって観察，実験などを行い，光の反射や屈折，凸レンズの働き，音の性質，力の働きの規則性や関係性を見いだして表現すること。	※　内容には，学びに向かう力，人間性等について示されていないことから，該当分野の目標(3)を参考にする。

内容のまとまりごとの評価規準例	知識・技能	思考・判断・表現	主体的に学習に取り組む態度
	身近な物理現象を日常生活や社会と関連付けながら，光と音，力の働きを理解しているとともに，それらの観察，実験などに関する技能を身に付けている。	身近な物理現象について，問題を見いだし見通しをもって観察，実験などを行い，光の反射や屈折，凸レンズの働き，音の性質，力の働きの規則性や関係性を見いだして表現している。	身近な物理現象に関する事物・現象に進んで関わり，見通しをもったり振り返ったりするなど，科学的に探究しようとしている。 ※　分野別の評価の観点の趣旨のうち「主体的に学習に取り組む態度」に関わる部分を用いて作成する。

「単元（中項目）の評価規準（例）」を作成する

○「知識・技能」のポイント
・「内容のまとまりごとの評価規準（例）」を基に，該当の中項目名や小項目名を記載し，第1分野の評価の観点の趣旨を踏まえて，評価規準を作成する。

○「思考・判断・表現」のポイント
・「内容のまとまりごとの評価規準（例）」を基に，第1分野の評価の観点の趣旨を踏まえて，評価

規準を作成する。

○「主体的に学習に取り組む態度」のポイント

・「内容のまとまりごとの評価規準（例）」を基に，評価規準を作成する。

【中項目の評価規準の例】

(1)ア(ア) 光と音　の評価規準の例

	知識・技能	思考・判断・表現	主体的に学習に取り組む態度
中項目の評価規準・例	光と音に関する事物・現象を日常生活や社会と関連付けながら，光の反射や屈折，凸レンズの働き，音の性質についての基本的な概念や原理・法則などを理解しているとともに，科学的に探究するために必要な観察，実験などに関する基本操作や記録などの基本的な技能を身に付けている。	光と音について，問題を見いだし見通しをもって観察，実験などを行い，光の反射や屈折，凸レンズの働き，音の性質の規則性や関係性を見いだして表現しているなど，科学的に探究している。	光と音に関する事物・現象に進んで関わり，見通しをもったり振り返ったりするなど，科学的に探究しようとしている。

（2）第2分野における「単元（中項目）の評価規準（例）」の作成について

＜例　第2分野の⑴ア⑺　生物の観察と分類の仕方＞

　単元（中項目）の評価規準は，「内容のまとまりごとの評価規準」を基に，第2分野の評価の観点の趣旨を踏まえて作成する。

● 　学習指導要領の「2　内容⑴　いろいろな生物とその共通点」 及び 「内容のまとまりごとの評価規準（例）」

学習指導要領2内容⑴	知識及び技能	思考力，判断力，表現力等	学びに向かう力，人間性等
	ア　いろいろな生物の共通点と相違点に着目しながら，次のことを理解するとともに，それらの観察，実験などに関する技能を身に付けること。	イ　身近な生物についての観察，実験などを通して，いろいろな生物の共通点や相違点を見いだすとともに，生物を分類するための観点や基準を見いだして表現すること。	※　内容には，学びに向かう力，人間性等について示されていないことから，該当分野の目標⑶を参考にする。

内容のまとまりごとの評価規準例	知識・技能	思考・判断・表現	主体的に学習に取り組む態度
	いろいろな生物の共通点と相違点に着目しながら，生物の観察と分類の仕方，生物の体の共通点と相違点を理解しているとともに，それらの観察，実験などに関する技能を身に付けている。	身近な生物についての観察，実験などを通して，いろいろな生物の共通点や相違点を見いだすとともに，生物を分類するための観点や基準を見いだして表現している。	いろいろな生物とその共通点に関する事物・現象に進んで関わり，見通しをもったり振り返ったりするなど，科学的に探究しようとしている。 ※　分野別の評価の観点の趣旨のうち「主体的に学習に取り組む態度」に関わる部分を用いて作成する。

「単元（中項目）の評価規準（例）」を作成する

○「知識・技能」のポイント

・「内容のまとまりごとの評価規準（例）」を基に，該当の中項目名や小項目名を記載し，第2分野の評価の観点の趣旨を踏まえて，評価規準を作成する。

○「思考・判断・表現」のポイント

・「内容のまとまりごとの評価規準（例）」を基に，第2分野の評価の観点の趣旨を踏まえて，評価規準を作成する。

○「主体的に学習に取り組む態度」のポイント

・「内容のまとまりごとの評価規準（例）」を基に，評価規準を作成する。

【中項目の評価規準の例】

(1)ア(ア) 生物の観察と分類の仕方 の評価規準の例

	知識・技能	思考・判断・表現	主体的に学習に取り組む態度
中項目の評価規準・例	いろいろな生物の共通点と相違点に着目しながら，生物の観察，生物の特徴と分類の仕方についての基本的な概念や原理・法則などを理解しているとともに，科学的に探究するために必要な観察，実験などに関する基本操作や記録などの基本的な技能を身に付けている。	生物の観察と分類の仕方についての観察，実験などを通して，いろいろな生物の共通点や相違点を見いだすとともに，生物を分類するための観点や基準を見いだして表現しているなど，科学的に探究している。	生物の観察と分類の仕方に関する事物・現象に進んで関わり，見通しをもったり振り返ったりするなど，科学的に探究しようとしている。

※ 第1分野，第2分野ともに，作成された評価規準を，生徒や学校，地域の実態を踏まえて編成した教育課程の下で作成された指導計画に基づく授業（「学習指導」）の中で生かしていくことで，「学習評価」の充実を図り，教育活動の質の向上を図っていく。

（３）評価規準の設定について

① 評価規準の設定における基本的な考え方

理科の評価規準の設定例は，学習指導要領の第1分野及び第2分野の内容（1）～（7）のア(ア)，(イ)・・・の項目ごとに示し，各単元の評価規準を設定する際の参考となるように作成している。評価規準を設定する際は，評価の観点の趣旨を踏まえ，単元の指導のねらい，教材，学習活動等に応じて適切な単元の評価規準を設定することが大切である。

（４）各観点の特性への配慮

① 知識・技能

本観点では，生徒が自然の事物・現象についての基本的な概念や原理・法則などを理解しているかを，発言や記述の内容，ペーパーテストなどから状況を把握する。また，生徒が自然の事物・現象についての観察，実験の基本操作を習得するとともに，観察，実験の計画的な実施，結果の記録や整理，資料の活用の仕方などを身に付けているかどうかを，行動の観察や記述の内容，パフォーマンステスト，ペーパーテストなどから状況を把握する。

② 思考・判断・表現

本観点では，生徒が自然の事物・現象の中に問題を見いだし，見通しをもって観察，実験などを行い，その結果を分析して解釈するなど，科学的に探究する過程において思考・判断・表現しているかを，発言や記述の内容，ペーパーテストなどから状況を把握する。

③ 主体的に学習に取り組む態度

本観点では，生徒が自然の事物・現象に進んで関わり，見通しをもったり振り返ったりするなど，科学的に探究しようとしているかを，発言や記述の内容，行動の観察などから状況を把握する。

第2章　学習評価に関する事例について

1　事例の特徴

　第1編第1章2（4）で述べた学習評価の改善の基本的な方向性を踏まえつつ，平成29年改訂学習指導要領の趣旨・内容の徹底に資する評価の事例を示すことができるよう，本参考資料における事例は，原則として以下のような方針を踏まえたものとしている。

○　単元に応じた評価規準の設定から評価の総括までとともに，生徒の学習改善及び教師の指導改善までの一連の流れを示している

　本参考資料で提示する事例は，いずれも，単元の評価規準の設定から評価の総括までとともに，評価結果を生徒の学習改善や教師の指導改善に生かすまでの一連の学習評価の流れを念頭においたものである（事例の一つは，この一連の流れを特に詳細に示している）。なお，観点別の学習状況の評価については，「おおむね満足できる」状況，「十分満足できる」状況，「努力を要する」状況と判断した生徒の具体的な状況の例などを示している。「十分満足できる」状況という評価になるのは，生徒が実現している学習の状況が質的な高まりや深まりをもっていると判断されるときである。

○　観点別の学習状況について評価する時期や場面の精選について示している

　報告や改善等通知では，学習評価については，日々の授業の中で生徒の学習状況を適宜把握して指導の改善に生かすことに重点を置くことが重要であり，観点別の学習状況についての評価は，毎回の授業ではなく原則として単元や題材など内容や時間のまとまりごとに，それぞれの実現状況を把握できる段階で行うなど，その場面を精選することが重要であることが示された。このため，観点別の学習状況について評価する時期や場面の精選について，「指導と評価の計画」の中で，具体的に示している。

○　評価方法の工夫を示している

　生徒の反応やノート，ワークシート，作品等の評価資料をどのように活用したかなど，評価方法の多様な工夫について示している。

2　各事例概要一覧と事例

事例1　キーワード　指導と評価の計画から評価の総括まで
「天体の動きと地球の自転・公転」　第3学年

　本事例は，「第2分野(6)ア(ア)　天体の動きと地球の自転・公転」（全9時間）の指導と評価の計画から評価の総括までについて示している。

　このうち，小項目「第2分野(6)ア(ア)㋐　日周運動と自転」に関する第3時から第5時までの各時間の観点別学習状況の評価について具体的に示している。

　第3時は，「知識・技能」の評価例であり，透明半球に付けられた点の記録から，太陽の動いた軌跡を表す技能を見取る例を示す。第4時は，「思考・判断・表現」の評価例であり，星の動きを示したコンピュータシミュレーションや写真を基に，観察者の視点（位置）を，地球の外に移動させ，星の一日の動きを透明半球上に表し，その特徴を見いだす力を見取る例を示す。第5時は，「主体的に学習に取り組む態度」の評価例であり，太陽や星の日周運動を地球の自転と関連付けて，「どの向きに地球は自転しているか」という課題を解決しようとする態度を見取る例を示す。

　また最後に，本単元の観点別学習状況の評価の総括について示している。

事例2　キーワード　指導と評価の計画から評価の総括まで
「運動の規則性」　第3学年

　本事例は，「第1分野(5)ア(イ)　運動の規則性」（全9時間）の指導と評価の計画から評価の総括までについて示している。

　このうち，第2時，第5時，第8時，第9時の各時間の観点別学習状況の評価について具体的に示している。

　第2時は，「知識・技能」の評価例であり，記録テープを用いて力学台車の運動の様子を調べる実験の結果から，記録テープを適切に処理する技能を見取る例を示す。第5時は，「思考・判断・表現」の評価例であり，斜面上の力学台車に働く力の大きさと力学台車の速さの変わり方の関係を調べる学習活動を通して，分析して解釈する力を見取る例を示す。第8時は，「主体的に学習に取り組む態度」の評価例であり，おもりが落下している間とおもりが床に落下した後の力学台車の運動の様子を比較し，それぞれの運動での速さの変化の様子を，力学台車に力が働き続ける運動と力が働いていないときの物体の運動とを関係付けて考え，試行錯誤しながら課題を解決しようとする態度を見取る例を示す。第9時は，「知識・技能」の評価例であり，運動の規則性に関する学習を振り返り，概念的な知識を身に付けているかどうかを見取る例を示す。

　また最後に，本単元の観点別学習状況の評価の総括について示している。

事例3　キーワード　「知識・技能」の評価
「生物と細胞」　第2学年

　本事例は，「第2分野(3)ア(ア)　生物と細胞」（全4時間）に関する第1時から第3時までの各時間の観点別学習状況の評価について示している。

第1時から第3時は，「知識・技能」の評価例であり，顕微鏡の使い方や，植物細胞や動物細胞の観察を行う際のスケッチの技能を見取る例を示す。

事例4　キーワード　「思考・判断・表現」の評価
「化学変化と電池」　第3学年

　本事例は，「第1分野(6)ア(イ)　化学変化と電池」（全8時間）に関する第4時の観点別学習状況の評価について示している。

　第4時は，「思考・判断・表現」の評価例であり，3種類の金属（銅，亜鉛，マグネシウム）とそれに対応した硫酸塩水溶液との反応から金属のイオンへのなりやすさを比較する実験を行い，その結果を分析して解釈する力を見取る例を示す。

事例5　キーワード　「知識・技能」，「思考・判断・表現」の評価
「光と音」　第1学年

　本事例は，「第1分野(1)ア(ア)　光と音」（全15時間）に関する第7時，第9時の各時間の観点別学習状況の評価について示している。

　第7時は，「思考・判断・表現」の評価例であり，凸レンズによってできる像の観察を行い，光の進み方に着目して問題を見いだして表現することができる力を見取る例を示す。第9時は，「知識・技能」の評価例であり，凸レンズに関する概念的な知識を身に付けているかどうかを見取る例を示す。

事例6　キーワード　「知識・技能」，「主体的に学習に取り組む態度」の評価
「化学変化」　第2学年

　本事例は，「第1分野(4)ア(イ)　化学変化」（全10時間）に関する第7時，第10時の各時間の観点別学習状況の評価について示している。

　第7時は，「主体的に学習に取り組む態度」の評価例であり，二酸化炭素中でマグネシウムリボンが燃焼する現象について，試行錯誤しながら課題を解決しようとする態度を見取る例を示す。第10時は，「知識・技能」の評価例であり，酸化還元に関する概念的な知識を身に付けているかどうかを見取る例を示す。

事例7　キーワード　「思考・判断・表現」，「主体的に学習に取り組む態度」の評価
「遺伝の規則性と遺伝子」　第3学年

　本事例は，「第2分野(5)ア(イ)　遺伝の規則性と遺伝子」（全7時間）に関する第5時，第7時の各時間の観点別学習状況の評価について示している。

　第5時は，「思考・判断・表現」の評価例であり，碁石と封筒を用いて交配のモデル実験を行った後，モデル実験の操作や結果の妥当性を考え，探究の過程を振り返る力を見取る例を示す。第7時は，「主体的に学習に取り組む態度」の評価例であり，第1時に作成したイメージマップに追記する活動を通して，自らの学びを振り返って，自己の成長や変容を自覚し，次の学びに向かおうとしているかを見取る例を示す。

単元名	内容のまとまり
天体の動きと地球の自転・公転	第3学年第2分野(6)「地球と宇宙」

第3編
事例1

1　単元の目標

(1) 身近な天体とその運動に関する特徴に着目しながら，日周運動と自転，年周運動と公転を理解するとともに，それらの観察，実験などに関する技能を身に付けること。

(2) 天体の動きと地球の自転・公転について，天体の観察，実験などを行い，その結果や資料を分析して解釈し，天体の動きと地球の自転・公転についての特徴や規則性を見いだして表現すること。また，探究の過程を振り返ること。

(3) 天体の動きと地球の自転・公転に関する事物・現象に進んで関わり，科学的に探究しようとする態度を養うこと。

2　単元の評価規準

知識・技能	思考・判断・表現	主体的に学習に取り組む態度
身近な天体とその運動に関する特徴に着目しながら，日周運動と自転，年周運動と公転についての基本的な概念や原理・法則などを理解しているとともに，科学的に探究するために必要な観察，実験などに関する基本操作や記録などの基本的な技能を身に付けている。	天体の動きと地球の自転・公転について，天体の観察，実験などを行い，その結果や資料を分析して解釈し，天体の動きと地球の自転・公転についての特徴や規則性を見いだして表現しているとともに，探究の過程を振り返るなど，科学的に探究している。	天体の動きと地球の自転・公転に関する事物・現象に進んで関わり，見通しをもったり振り返ったりするなど，科学的に探究しようとしている。

3　指導と評価の計画（9時間）

時間	ねらい・学習活動	重点	記録	備考
1	・天球を使った天体の位置の表し方を知る。 ・地球上の一点で，方位と時刻がどうなっているかを知る。	知		・地球上の特定の場所における時刻や方位を読み取っている。
2	・太陽の日周運動の観察を計画する。 （次の授業までに，観察を行う。）	知		・太陽の動きを観察し，その結果を適切に記録している。
3	・透明半球に付けた点を結び，太陽が動いた軌跡を表す。 ・観察記録から，太陽の一日の動き方の特徴を見いだす。	知	○	・透明半球に付けた点を結び，太陽の動いた軌跡を表している。 ［透明半球］
4	・コンピュータシミュレーションや写真を用いて，星の一日の動きを透明半球にまとめる。	思	○	・透明半球に，星の一日の動きを表し，その特徴を見いだして表現している。 ［透明半球，記述分析］
5	・相対的な動きによる見え方を理解する。 ・相対的な動きによる見え方と地球の自転とを関連付けて，モデルを用いて地球の自転の向きを推論する。	態	○	・天体の日周運動を地球の自転と関連付けて，モデルを使って推論しようとしている。 ［記述分析，行動観察］
6	・星座の年周運動のモデル実験から，公転によって，季節ごとに地球での星座の見え方が変わることを見いだす。	思		・実験結果を分析して解釈し，公転によって，季節ごとに地球での星座の見え方が変わることを表現している。
7	・天球上での星座や太陽の1年間の動き方について理解する。 ・コンピュータソフトなどで，時間を設定し，シミュレーションしながら星座の位置を確認する。	知	○	・代表的な星座の見える時期について，理解している。 ［記述分析］
8	・季節ごとの地球への太陽の光の当たり方の変化をモデル実験で調べる。 ・南半球では，太陽の光の当たる角度の変化が北半球と逆になることを見いだす。	思	○	・季節ごとの地球への太陽の光の当たり方の変化について，実験結果を分析して解釈し，表現している。［記述分析］
9	・地球儀などのモデルを使い，地軸の傾きと太陽の光の当たり方と，昼と夜の長さの関係を見いだそうとする。	態	○	・地軸の傾きと太陽の光の当たり方と，昼と夜の長さの関係を見いだそうとしている。［記述分析］

＊記録の欄に○が付いていない授業においても，教師が生徒の学習状況を把握し，指導の改善に生かすことが重要である。

4 観点別学習状況の評価の進め方　　知識・技能

（1）本時（第3時）のねらい

透明半球に付けた点の記録から，太陽の一日の動きを表す技能を身に付ける。

（2）評価規準

「知識・技能」

透明半球に付けた点の記録から，太陽の動いた点を結び，軌跡を表している。

（3）評価のポイント

前時と本時までの間に，透明半球に太陽の位置を記録する観察を行っている。

本時では観察記録を使って，透明半球上の点を結んで太陽の軌跡を球面上の線として示す技能を評価する。

なお，太陽の一日の動きについての知識は，単元の学習が進むにつれて理解が深まるため，透明半球に記録する技能に関連する知識については，記録に残す評価は本時では行わず，単元末や定期考査等のペーパーテストで行う。

（4）指導と評価の流れ

学習場面	学習活動	学習活動における具体の評価規準	評価方法
導入	・透明半球上に記録した点を確認する。		
	課題：透明半球の記録から，太陽の一日の動きを表そう。		
展開	・観察した透明半球の点を結ぶ。 ・結んだ線に沿ってひもを張り，記録した点に該当する場所に印を付ける。 ・線を延長して太陽の軌跡を表し，透明半球の縁と交わる点が日の出，日の入りの位置を示すということを見いだす。	・透明半球に付けた点の記録から，太陽の動いた軌跡を直線で表している。	透明半球の記録
まとめ	・太陽の一日の動きについて，図と文でまとめる。		

（5）「知識・技能」の評価例

　ここでは，透明半球に記録する技能の評価（本時）とペーパーテスト（太陽の一日の動きについての理解が深まった単元末や定期考査等）の記述の評価を併せることにより評価を行う。

　なお，透明半球の技能の評価とその知識の評価が異なる場合（例えば，AとB，BとCなど）は，生徒の実態に応じて評価する必要がある。

＜ペーパーテストの例＞

| 図は日本のある場所で太陽の位置を透明半球上に記録したものである。
・印は1時間ごとの太陽の位置で，点Fは太陽が真南を通ったときである。
(1) 中心の点Oは何を表しているか。
(2) この日の日の入りにあたる点を，図の記号から選びなさい。
[解答例] (1)観察者の位置　(2)G | 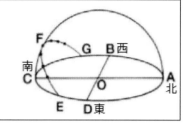 |

【評価Bの例】

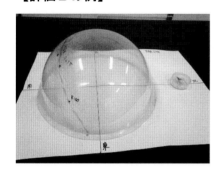

技能の評価　B

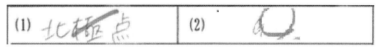

知識の評価　B

　透明半球上に記録した点が少ないものの，太陽の一日の動きを直線で表している。また，ペーパーテストからは太陽の一日の動きについて，直線EFGが太陽の動きを表していることは理解していることが分かる。このことから，知識・技能の観点で「おおむね満足できる」状況（B）と判断できる。

【評価Aの例】

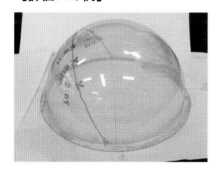

技能の評価　A

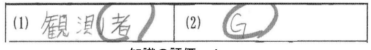

知識の評価　A

　透明半球上に一時間おきに記録した点があり，太陽の一日の動きも直線で表している。また，ペーパーテストからは太陽の一日の動きについて，十分に理解していることが分かる。このことから，知識・技能の観点で「十分満足できる」状況（A）と判断できる。

【評価Cの例】

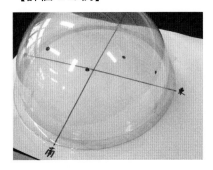

技能の評価　C

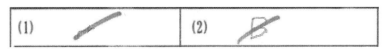

知識の評価　C

　透明半球上に記録した点が少なかったり，正確に記録できなかったり，時刻を記入していなかったりしており，太陽の一日の動きを直線で表せていない。また，ペーパーテストからは太陽の一日の動きについて，直線ＥＦＧが太陽の動きを表していることを理解していないことが分かる。このことから，知識・技能の観点で「努力を要する」状況（Ｃ）と判断できる。

【「努力を要する」状況と評価した生徒に対する指導の手立て】

　透明半球のモデルの見方や太陽の位置の観察の方法を確認して再観察させるなど，個別に指導を行い，知識及び技能を身に付けることができるように支援する。

5　観点別学習状況の評価の進め方　　思考・判断・表現

（1）本時（第4時）のねらい

　星の動きを示したコンピュータシミュレーションや写真を基に，観察者の視点（位置）を，地球の外に移動させ，星の一日の動きを透明半球上に表し，その特徴を見いだす。

（2）評価規準

「思考・判断・表現」

　星の動きを示したコンピュータシミュレーションや写真を基に，星の一日の動きを透明半球上に表し，その特徴を見いだして表現している。

（3）評価のポイント

　本時では，前時に学習した太陽の一日の動きに関する知識及び技能を活用して，星の一日の動きの特徴を見いだしているかを評価する。

　コンピュータシミュレーションや写真を用いて，観察者が東西南北，天頂の空を見たときの星の動きを前時の太陽の一日の動きの特徴と関連付けながら，透明半球上に表す。その際，透明半球を外側から見るときと内側から見るときのモデルが，それぞれ地球の外と地球上の観察者の視点（位置）に対応することを意識して特徴を見いだして表現しているかを評価する。

（4）指導と評価の流れ

学習場面	学習活動	学習活動における具体の評価規準	評価方法
導入	・太陽の一日の動きを再確認し，他の星の一日の動きについて問題を見いだして，課題を設定する。		
	課題：コンピュータシミュレーションを用いて，星の一日の動きについての特徴を見いだそう。		
展開1	・コンピュータシミュレーションを用いて，東西南北，天頂の星の動き方を観察し，星が動いた軌跡を示した写真が撮影された方角を考える。		
展開2	・透明半球に星の動き方を示した写真を貼る。 ・写真を貼った透明半球に，星の動き方を内側から線と矢印で描き加える。	・透明半球に貼った星の写真と合致するように，星の動きを線と矢印で表し，その特徴をワークシートに適切に表現している。	透明半球とワークシートの記述分析
まとめ	・天球の星の動きを，観察者の視点から見て，地球上から東西南北，天頂の空の写真と同じになっていることを確かめる。		

（5）「思考・判断・表現」の評価例

　ここでは，ワークシートの描画を分析することにより，評価を行う。

【評価Bの例】

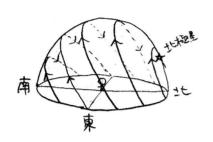

　東，西，南の空の星の一日の動きは正しく描けているが，北の空の星の動きが正しく描けていない。しかし，透明半球の内側からの星の一日の動きの特徴は見いだしているので，思考・判断・表現の観点で「おおむね満足できる」状況（B）と判断できる。

【評価Aの例】

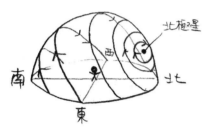

　東，西，南，北の空の星の一日の動きは正しく描けている。また，透明半球の内側からも外側からも矢印の向きが正しく描けており，星の一日の動きの特徴を見いだしているので，思考・判断・表現の観点で「十分満足できる」状況（A）と判断できる。

【評価Cの例】

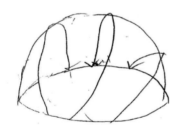

　方位を基準として描いておらず，透明半球の内側からの星の一日の動きの特徴を見いだしていないので，思考・判断・表現の観点で「努力を要する」状況（C）と判断できる。

【「努力を要する」状況と評価した生徒に対する指導の手立て】

　天球の概念や，天球のモデルである透明半球について再確認し，観察者の視点（位置）を意識しながらコンピュータシミュレーションを再観察して，透明半球にもう一度表すなど個別に指導を行い，思考力・判断力・表現力等を身に付けることができるように支援する。

第3編
事例1

6 観点別学習状況の評価の進め方 | 主体的に学習に取り組む態度 |

（1）本時（第5時）のねらい

地球の自転によって起こる相対的な動きによる見え方を理解するとともに，相対的な動きによる見え方と地球の自転とを関連付けて，モデルを用いて地球の自転の向きを推論する。

（2）評価規準

「主体的に学習に取り組む態度」

太陽や星の日周運動について，モデルを用いて試行錯誤しながら，地球の自転の向きを推論しようとしている。

（3）評価のポイント

主体的に学習に取り組む態度の評価の例として，学習した知識及び技能を活用して課題を解決する場面を設定する。その際，課題に対する最初の自分の考えと，解決後の自分の考えとを比較し，その過程において，試行錯誤した学習の状況を振り返ることが考えられる。

本時の展開において，「どの向きに地球は自転しているか」という課題を設定し，太陽や星の日周運動に関する知識及び技能と，動いている電車の中にいる人とホームにいる人の見え方とを対比しながら解決する。終末で，課題解決の過程を振り返り，ワークシートに記録する。記述した内容を分析することによって，主体的に課題解決に取り組む態度について評価する。

＜ワークシートの構成例＞

> 天体の日周運動から，どの向きに地球は自転していると言えるか，根拠を示して考えを書きましょう。
>   学習前の考え
>   学習後の考え
> 自転の向きを考察する過程で，どのように解決しようとしましたか。学習前後の考えを比較して記述しましょう。

（4）指導と評価の流れ

学習場面	学習活動	学習活動における具体の評価規準	評価方法
導入	・前時までに作成した透明半球を基に，太陽や星の日周運動を表したモデルを思い出す。		
	課題：天体の日周運動から，どの向きに地球は自転していると言えるか。		
	・地球が自転していることを確認し，自転の向きについて自分の考えをワークシートに記入する。		

展開	・走る電車の中にいる人とホームにいる人が互いにどう動いているように見えるか考える。 ・モデル実験を行い，天球上の太陽と地球の自転の向きとの関係を電車の例と対比しながら考察する。	・地球から見える天体の日周運動を，天球の中心にある地球の自転と関連付けて説明しようとしている。	行動観察
まとめと振り返り	・地球の自転の向きについてワークシートにまとめ，学習活動を振り返る。	・課題を解決した過程を振り返り，ワークシートに記録している。	ワークシート

（5）「主体的に学習に取り組む態度」の評価例

ここでは，ワークシートの記述を分析することにより，評価を行う。

【評価Bの例】

学習方法や課題を解決しようとした取組が記述できているので，主体的に学習に取り組む態度の観点で「おおむね満足できる」状況（B）と判断できる。

> はじめは何から考えればよいか分からなかったけれど，動く方向と逆に見えると友達が言ったので，なるほどと思った。

【評価Aの例】

学習方法や課題を解決しようとした取組が記述できており，学習意欲やそれを高めた方法を記述しているので，主体的に学習に取り組む態度の観点で「十分満足できる」状況（A）と判断できる。

> モデル実験の結果を実際の太陽の動きと合わせて考えた。乗り物に乗って目の前の風景が近づいてくるように見えることと原因は同じことに気付いた。
> 地球が自転する映像はよく見るが，自転の向きを方位で考えたことがなかったので，楽しんで取り組めた。

【評価Cの例】

学習方法や課題を解決しようとした取組，学習意欲やそれを高めた記述がない。また，課題を解決できたことも把握できないので，主体的に学習に取り組む態度の観点で「努力を要する」状況（C）と判断できる。

> 友達の話を聞いて分かった。

【「努力を要する」状況と評価した生徒に対する指導の手立て】

学習内容に興味・関心が低く，課題に対して粘り強く取り組もうとしていない状態にあると考えられる。個別に基礎的な内容から指導を行い，主体的に学習に取り組む態度を身に付けることができるように支援する。

7　観点別学習状況の評価の総括

　ここでは，単元の指導と評価の計画に基づき，評価方法を工夫して行い，観点ごとに総括した事例を紹介する。

【事例】

時	学習活動	知	思	態	生徒の様子
1	・天球を使って天体の位置を表す。				・地球上の特定の場所における時刻や方位を読み取った。
2	・太陽の日周運動の観察を行う。				・太陽の動きを観察し，その結果を記録した。
3	・観測記録から，太陽の一日の動き方の特徴を見いだす。	A			・透明半球に付けられた点の記録から，太陽の動いた軌跡を結んだ。
4	・星の一日の動きを透明半球にまとめる。		B		・透明半球に，星の一日の動きを表した。
5	・相対的に星の動きと地球の自転とを関連付けて考え，地球の自転の向きを推論する。			A	・星の日周運動を地球の自転と関連付けて，天球を使って説明した。
6	・星座の年周運動のモデル実験から，星座の見え方が変わることを見いだす。				・公転によって，季節ごとに地球での星座の見え方が変わることを説明した。
7	・シミュレーションで，天球上の星座や太陽の1年間の動き方を理解する。	B			・代表的な星座の見える時期や時刻，方位について理解した。
8	・季節ごとの地球への太陽の光の当たり方が変化することをモデル実験で調べる。		B		・季節ごとに太陽の光の当たり方が変化する原因を，モデル実験の結果から説明した。
9	・昼夜の長さの変化を，地球儀を用いたモデル実験を通して探究する。			A	・身に付けた知識及び技能を活用して探究し，新たな疑問をもった。
ペーパーテスト（単元末や定期考査等）		A	B		
単元の総括		A	B	A	

・「知識・技能」は，第3時で「技能」を評価し，第7時とペーパーテストで「知識」を評価した。その結果，「ＡＢＡ」となることから，総括して「Ａ」とした。

・「思考・判断・表現」は，第4時と第8時とペーパーテストで評価し「ＢＢＢ」となることから，総括して「Ｂ」とした。

・「主体的に学習に取り組む態度」は，「ＡＡ」となることから，総括して「Ａ」とした。

理科　事例2
キーワード　指導と評価の計画から評価の総括まで

単元名	内容のまとまり
運動の規則性	第3学年第1分野(5)「運動とエネルギー」

1　単元の目標

(1) 運動の規則性を日常生活や社会と関連付けながら，運動の速さと向き，力と運動を理解するとともに，それらの観察，実験などに関する技能を身に付けること。

(2) 運動の規則性について，見通しをもって観察，実験などを行い，その結果を分析して解釈し，物体の運動の規則性や関係性を見いだして表現すること。また，探究の過程を振り返ること。

(3) 運動の規則性に関する事物・現象に進んで関わり，科学的に探究しようとする態度を養うこと。

2　単元の評価規準

知識・技能	思考・判断・表現	主体的に学習に取り組む態度
運動の規則性を日常生活や社会と関連付けながら，運動の速さと向き，力と運動についての基本的な概念や原理・法則などを理解しているとともに，科学的に探究するために必要な観察，実験などに関する基本操作や記録などの基本的な技能を身に付けている。	運動の規則性について，見通しをもって観察，実験などを行い，その結果を分析して解釈し，物体の運動の規則性や関係性を見いだして表現しているとともに，探究の過程を振り返るなど，科学的に探究している。	運動の規則性に関する事物・現象に進んで関わり，見通しをもったり振り返ったりするなど，科学的に探究しようとしている。

3　指導と評価の計画（9時間）

時間	ねらい・学習活動	重点	記録	備考
1	・身の回りの物体の運動の様子を詳しく観察し，物体の運動の要素を調べる。 ・運動している物体の速さは，単位時間に移動する距離で表されることを理解する。	知		・運動には速さと向きの要素があることを理解している。 ・物体の速さは，単位時間に移動する距離で表されることを理解している。
2	・身近な物体の運動の様子を調べる実験を行い，記録タイマーの正しい操作と物体の運動の様子を定量的に記録する技能を身に付ける。	知	○	・記録タイマーを正しく操作し，力学台車の運動の様子を調べる実験を行い，記録テープを適切に処理する方法を身に付けている。[行動観察，記述分析]
3	・物体の運動の様子を調べた実験結果を分析して解釈し，運動の規則性を見いだす。	思		・実験結果から，力が働き続ける運動で，時間と速さ，時間と移動距離との関係を見いだして表現している。
4	・水平面上で，おもりを糸でつないだ力学台車を運動させる実験を行い，問題を見いだして課題を設定する。	態	○	・実験結果を基に，力学台車の運動の様子の違いに着目して，課題を見いだそうとしている。[記述分析]
5	・傾きを変えた斜面などを使って，力学台車の運動の様子を調べる実験を行い，実験の結果を分析して解釈し，水平面に対する斜面の傾きと速さの変わり方の規則性を見いだす。	思	○	・実験結果から，斜面を下る力学台車の速さが時間とともに一定の割合で変化していることを見いだして表現している。[記述分析]
6	・エアトラックなどを使って，物体の運動の様子を観察し，力が働かない運動では物体は等速直線運動をすることを見いだす。 ・物体に力が働かないときや，力が働いてもそれらがつり合っているとき，物体は静止し続けることを理解する。	思	○	・実験結果から，時間と速さ，時間と移動距離との関係を見いだして表現している。[記述分析] ・物体に力が働かないときや，力が働いてもそれらがつり合っているとき，物体は静止し続けるか等速直線運動をすることを理解している。
7	・物体に力を働かせると，2つの物体が互いに力をおよぼし合う（作用・反作用）ことを理解する。	知		・2つの物体の間で力が働くときには，互いに相手に対して力が働くことを理解している。
8	・水平面上で，おもりを糸でつないだ力学台車が運動するときの様子について，力が働くときと力が働かないときの運動の規則性と関係付けて，課題を解決する。	態	○	・習得した知識・技能を活用して，力学台車に働く力の大きさの違いと力学台車の速さの変化を関係付け，課題を解決しようとしている。[記述分析]
9	・運動の規則性に関する学習を振り返り，概念的な知識を身に付けているかどうかを確認する。	知	○	・運動の規則性に関する概念的な知識を身に付けている。[ペーパーテスト]

＊記録の欄に○が付いていない授業においても，教師が生徒の学習状況を把握し，指導の改善に生かすことが重要である。

4　観点別学習状況の評価の進め方　知識・技能

（1）本時（第2時）のねらい

身近な物体の運動の様子を調べる実験を行い，記録タイマーを正しく操作する技能と物体の運動の様子を記録して処理する技能を身に付ける。

（2）評価規準

「知識・技能」

記録タイマーを正しく操作し，力学台車の運動の様子を調べる実験を行い，記録テープを処理する技能を身に付けている。

（3）評価のポイント

「知識・技能」のうち技能の評価の例として，本時では，記録タイマーを正しく操作し，力学台車の運動の様子を調べる実験を行い，記録テープを適切に処理する方法を身に付けているかを評価する。なお，「指導と評価の計画」では本時に評価することとしているが，単元の学習を進める過程で繰り返し記録タイマーを使って実験し，確実に身に付けるようにすることが大切である。このため，第5時での斜面を下る物体の運動を調べる実験，第6時での力が働いていないときの物体の運動を調べる実験においても技能の習得状況を確認して，総括的な評価に生かすことが考えられる。

（4）指導と評価の流れ

学習場面	学習活動	学習活動における具体の評価規準	評価方法
導入	・運動する力学台車の運動の様子を調べる方法を考える。		
	課題：記録タイマーを正しく使って，力学台車の運動の様子を調べよう。		
展開	・記録テープの打点間隔と時間の関係を知る。 ・記録タイマーを使って力学台車の運動の様子を調べる方法を知る。 ・力学台車の運動の様子を調べる実験を行う。 ・記録テープを0.1秒間隔で処理し，時間と0.1秒間の移動距離の関係を表す。	・記録タイマーを正しく操作し，力学台車の運動の様子を調べる実験を行い，記録テープ処理する技能を身に付けている。	行動観察
まとめ	・記録テープを処理した結果を基に，時間と0.1秒間の移動距離の関係に着目して，力学台車の運動の様子をまとめる。		ワークシート

（5）「知識・技能」の評価例

ここでは，行動観察及びワークシートの記述を分析することにより，評価を行う。

【評価Bの例】

実験において記録タイマーを正しく操作する状況が見られ，その後，0.1秒間隔で切り取った記録テープを順に貼り付け，時間と0.1秒間の移動距離との関係を表す状況が見られる場合は，知識・技能の観点で「おおむね満足できる」状況（B）と判断できる。

【評価Aの例】

記録タイマーを正しく操作して実験を行い，記録テープを適切に処理して実験の結果を整理するとともに，縦軸，横軸を記入し，時間と0.1秒間の移動距離との関係を表すグラフを作成している場合は，知識・技能の観点で「十分満足できる」状況（A）と判断できる。

【評価Cの例】

0.1秒間の打点間隔を読み取ることができない生徒や，切り取った記録テープを順に貼り付けることができない生徒は，知識・技能の観点で「努力を要する」状況（C）であると判断できる。

【「努力を要する」状況と評価した生徒に対する指導の手立て】

上記のような生徒に対しては，記録タイマーが1秒間に何回打点するかを確認し，打点間隔の意味を捉えた上で，0.1秒間の打点間隔で記録テープを切り取らせるように個別に支援する。また，打点間隔がだんだん大きくなる特徴を捉えさせた上で，記録用紙に貼り付けることができるように個別に支援する。

5 観点別学習状況の評価の進め方 ｜知識・技能｜

（1） 本時（第9時）のねらい

運動の規則性を日常生活や社会と関連付けながら，運動の速さと向き，力と運動を理解する。

（2）評価規準

「知識・技能」

運動の規則性を日常生活や社会と関連付けながら，運動の速さと向き，力と運動についての基本的な概念や原理・法則などを理解している。

（3）評価のポイント

運動の速さと向き，力と運動に関する知識は，単元の学習が進むにつれて理解が深まるため，第1時～8時においては記録に残す評価は行わず，本時におけるペーパーテストで評価する。

（4）「知識・技能」の評価例

ここでは，ペーパーテストの記述を分析することにより，概念的な知識に関する評価を行う。

ドライアイス片が，斜面を下って水平面を運動する事象を提示し，問1では，速さの変化と力の関係を捉えているかを問う。また，問2では，時間の経過と速さの変化との関係を問う。

＜ペーパーテストの例（図は省略）＞

> 金属でできたなめらかな斜面ＡＢとそれに続く水平面ＣＤでのドライアイス片の速さについて考える。ドライアイス片をＡ地点から静かに放した。なお，ドライアイス片は授業で使用した力学台車と考えてよい。
>
> 問1　斜面ＡＢと水平面ＣＤでのドライアイス片の速さはそれぞれどうなりますか。ドライアイス片に対して運動方向に働く力と関係付けて簡単に書きましょう。
>
> | 斜面ＡＢ |
> | --- |
> | 水平面ＣＤ |
>
> 問2　斜面ＡＢと水平面ＣＤでのドライアイス片の速さ（縦軸）と時間（横軸）との関係を図で表しましょう。ただし，斜面ＡＢではＡを通過した時間を０秒、斜面ＣＤではＣを通過した時間を０秒とします。

【評価Bの例】

問1では，速さと力の関係を捉えて記述できている。

問2では，斜面を下る運動については速さと時間の関係を適切に記述できていないが，水平面の運動については記述できている。このことから，知識・技能の観点で「おおむね満足できる」状況（B）と判断できる。

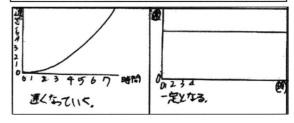

斜　面　AB　斜面に平行な重力の分力が働き続けるので，速さは大きくなっていく。
水平面　CD　ドライアイス片の重力と垂直抗力が働いていてそれらがつり合っているので速さは一定になる。

【評価Aの例】

　問1では，速さと力の関係を適切に捉えて記述できているため，十分に理解していることが分かる。

　問2では，力が働き続ける運動と力が働かない運動において，速さの変わり方と時間との関係についても適切に記述できている。このことから，知識・技能の観点で「十分満足できる」状況（A）と判断できる。

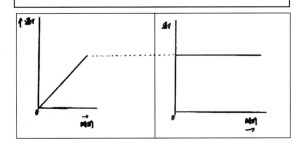

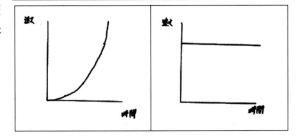

【評価Cの例】

　問1では，力と速さの変化を関係付けて正しく記述できていない。

　問2では，水平面上の運動における速さと時間の関係は正しく記述しているものの，問1の記述と整合性がない。このことから，知識・技能の観点で「努力を要する」状況（C）と判断できる。

【「努力を要する」状況と評価した生徒に対する指導の手立て】

　記録テープの結果を基に，運動方向に働く力と速さの変わり方や，速さと時間との関係を捉えることができるように個別に指導する。また，物体に働く力を捉えていない場合は，斜面上と水平面上で静止している物体に働く力の違いを実感し，これを基に物体の速さの変化を考察することができるように支援する。

6　観点別学習状況の評価の進め方　思考・判断・表現

（1）本時（第5時）のねらい

斜面を下る力学台車の運動の様子を調べる実験を行い，一定の力が働き続けるときの物体の運動についての規則性を見いだす。

（2）評価規準

「思考・判断・表現」

斜面を下る力学台車の運動の様子を調べた実験結果を基にして，斜面を下る力学台車に働く力の大きさと力学台車の速さの変わり方の規則性を見いだして表現している。

（3）評価のポイント

本時では，斜面を下る力学台車の運動の様子を調べる実験を行い，その結果を分析して解釈することを通して，力が働く運動では時間の経過に伴って力学台車の速さが変わること，力学台車に働く力の大きさが大きくなると速さの変わり方も大きくなることを見いだして表現しているかを評価する。

（4）指導と評価の流れ

学習場面	学習活動	学習活動における具体の評価規準	評価方法
導入	・斜面を下る力学台車の運動の様子を予想する。		
	課題：斜面上の力学台車に働く力の大きさと力学台車の速さの変わり方にはどのような関係があるのだろうか。		
展開	・斜面の傾きを変えて，力学台車の運動の様子を調べる実験を行う。 ・斜面を下る運動では，斜面下方向に一定の力が働くことを確認する。 ・傾きが異なる斜面上で，力学台車が運動する様子を比較する。 ・斜面の傾きを変えて行った実験の結果を基に，斜面を下る力学台車に働く力の大きさと速さの変わり方の関係について考える。	・実験の結果を基に，斜面を下る力学台車に働く力の大きさと速さの変わり方の規則性を見いだして表現している。	ワークシート
まとめ	・斜面を下る力学台車に働く力の大きさと力学台車の速さの変わり方の関係をまとめる。		

（5）「思考・判断・表現」の評価例

　ここでは，ワークシートの記述を分析することにより，評価を行う。

【評価Bの例】

　運動の向きに力が働くと，速さの変わり方が大きくなることを見いだすことができている。また，斜面の傾きの違いと力学台車に働く力の大きさの違いに着目し，速さの変わり方に違いが生じることも記述している。このことから，思考・判断・表現の観点で「おおむね満足できる」状況（B）と判断できる。

> 斜面の傾きが大きくなるにつれて，斜面に平行な下向きの力が強くなり，速さの変化量が大きくなった。

【評価Aの例】

　記録テープの長さの違いでグラフの特徴を示し，速さの変わり方をそれぞれ説明している。条件の違いに着目して根拠を示し，力が働く運動では時間の経過に伴って力学台車の速さが変わること，力学台車に働く力の大きさが大きくなると速さの変わり方が大きくなることを見いだして表現している。このことから，思考・判断・表現の観点で「十分満足できる」状況（A）と判断できる。

> 傾きを大きくすると，斜面下方向の力が大きくなり，これをばねばかりで確かめることができた。そして，傾きが大きいと，速さの変化量も大きくなることがわかった。

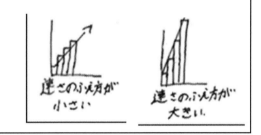

【評価Cの例】

　斜面の傾きの大きさと速さとの関係に着目して記述しているが，力学台車に働く力の大きさと速さの変わり方の関係についての記述がない。このことから，思考・判断・表現の観点で「努力を要する」状況（C）と判断できる。

> 斜面が急なほど速さが大きくなる。

【「努力を要する」状況と評価した生徒に対する指導の手立て】

　斜面の傾きと力学台車に働く力の関係，斜面を下る力学台車に働く力と速さの関係を考えることができるように支援する。

7 観点別学習状況の評価の進め方 　主体的に学習に取り組む態度

（1） 本時（第8時）のねらい

　　物体に働く力の大きさと力学台車の速さに関する知識及び技能を活用して，落下するおもりが水平面上の力学台車を引くときの運動の様子を説明する。

（2） 評価規準

「主体的に学習に取り組む態度」

　　習得した知識及び技能を活用して，力学台車に働く力の大きさと力学台車の速さの変化を関係付け，試行錯誤しながら，課題を説明しようとする。

（3） 評価のポイント

　　力が働き続けるときと力が働いていないときの物体の運動に関する知識及び技能を活用して，第4時で設定した課題を解決しようとしているかを，本時の「振り返りシート」の記述を基に評価する。

ワークシートの一部	振り返りシートの一部
1 課題 実験結果から、力学台車が運動するときの様子を台車に働く力と関係付けて説明しよう。 2 説明 まず、自分の考えをまとめよう。次に、班で話し合ってまとめよう。そのとき、他の人の考えを聞いて気付いたことや深まったことを赤字で加えていこう。	1 「どのような知識及び技能を活用したか」 　（この時間の活動について、課題を説明するためにあなたが手がかりにしたことや意識したことなど） 2 「誰とどのような対話をしたか」 　・自分の考え 　・班で話し合った後の考え 3 「何に気付いたか」 　（課題を設定し解決する学習を行い、大切だと感じたことや学習を進める上で気付いたポイントなど）

（4） 指導と評価の流れ

　　本単元では，力が働くときと力が働かないときの力学台車の運動の規則性を基に，課題を解決する探究的な学習活動を位置付けている。

① 単元構成のねらい

　　第4時で課題を設定し，第5時〜第7時に力が働く運動と力が働かない運動の速さに関する規則性や関係性を見いだして理解し，本時の課題を解決する学習活動につながるように単元を構成した。

② 課題の設定（第4時）

　　第4時では，おもりを糸でつないだ力学台車を水平面上で運動させ，実験の結果を基に問題を見いだし，課題を設定する。

　　水平面上を運動する力学台車の速さは，おもりが落下している間はだんだん速くなり，おもりが床に到達した後は一定になる。ここでは，力学台車の運動の様子が変化することに着目して問題を

見いだし,「力学台車の速さの変化は,おもりが力学台車を引く力とどのように関係しているのか。」という課題を設定して,その課題を解決していこうとする場面を設定している。

　この課題は,第5時から第7時で行う,力が働き続けるときの物体の運動と,力が働いていないときの物体の運動に関わる学習を見通すものであり,単元を通して課題を解決することで,科学的に探究する力や態度が育成できるようになると考えられる。

③　課題の解決（第8時）

学習場面	学習活動	学習活動における具体の評価規準	評価方法
導入	・第4時に設定した課題を想起する。 ・おもりを糸でつないだ力学台車が水平面上を運動する様子を振り返る。		
	課題：実験結果から,力学台車の速さの変化と力学台車に働く力の大きさとを関係付けて説明しよう。		
展開	・力学台車が運動するときの様子について自分の考えをまとめる。 ・班で話し合い,力学台車が運動するときの様子を力学台車に働く力と関係付けて説明する。		
まとめ	・単元の学習を振り返り,「振り返りシート」に記述する。	・習得した知識・技能を活用して,力学台車の速さの変化と力学台車に働く力の大きさの違いとを関係付けて,説明しようとしている。	振り返りシートの記述分析

（5）「主体的に学習に取り組む態度」の評価例

　ここでは,振り返りシートの記述を分析することにより,評価を行う。

【評価Bの例】

　「誰とどのような対話をしたか」,「何に気付いたか」について記述しており,課題を解決する過程において,試行錯誤しようとしていることが分かる。このことから,主体的に学習に取り組む態度の観点で「おおむね満足できる」状況（B）と判断できる。

> 私が課題を設定して解決する学習をしてみて,大切だと感じたことは,自分が疑問に思ったことをたくさん出すことです。さらに友達と考えを共有することによって,みんなも同じようなところが気になるのだなと思った。

> 班で話し合うとき,自分の中で考えがあってもどう説明すればよいか分からず難しかった。でも友達の考えを聞くことで,自分の考えが変わったり,新たに疑問が生まれたり視野を広くもつことができた。

【評価Aの例】

「どのような知識及び技能を活用したか」，「誰とどのような対話をしたか」，「何に気付いたか」について記述しており，課題を解決する過程において，試行錯誤しながら，解決しようとしていることが分かる。このことから，主体的に学習に取り組む態度の観点で「十分満足できる」状況（A）と判断できる。

> グラフが右上がりなのは，一定の力が加わり続けたからという考えしか初めはありませんでしたが，友達の「おもりが台車を引っ張る力は傾斜のときと似ている」という考えを聞いて，目の前の実験だけでなく今までの実験と関連させることの大切さやおもしろさに気付けた。

> ・「一定の割合で加速し続け，4個のときは，2個に比べ加わる力が大きいため，速さの変化の割合が大きくなる。」という自分の考えだったが，友達の考えでは一定の速さになるときがあるということにも注目していた。
> ・自分で課題を設定して解決することは難しいけれど，友達の考えも大切にして，説明する力が大切だと思った。また，細かいところにもよく注目することも大切だと思った。

【評価Cの例】

実験の結果を基に，力学台車の運動の様子は記述しているが，「どのような知識及び技能を活用したか」，「誰とどのような対話をしたか」，「何に気付いたか」について記述

> おもりが台車を引いたら，速さが大きくなった。

していないことから，主体的に学習に取り組む態度の観点で「努力を要する」状況（C）と判断できる。

【「努力を要する」状況と評価した生徒に対する指導の手立て】

最初に学習のねらいを確認したり，これまでの学習内容を想起させたりする。その上で，例えば，力学台車に働く力の大きさの違いと力学台車の速さの変化について，自分の考えを基にして試行錯誤したり，他者の考えを基に気付いたりできるように支援することが考えられる。

このような支援により，疑問をもつことの大切さや，自ら課題を設定し，結果を予想しながら見通しをもって実験を行うこと，課題の解決に向けて話し合うことなどの意義や有用性を実感できるようにしていくことが大切である。

8 観点別学習状況の評価の総括

　ここでは，単元の指導と評価の計画に基づき，評価方法を工夫して行い，観点ごとに総括した事例を紹介する。

【事例】

時	学習活動	知	思	態	生徒の様子
1	・物体の運動の様子を観察する。 ・単位時間に移動する距離が速さを表すことを理解する。				・物体の運動の様子を観察し，運動の要素には速さと向きがあることを理解している。
2	・力学台車の運動を記録する技能を身に付ける。	B			・記録タイマーを操作し，記録テープを処理して，物体の運動の様子を記録している。
3	・運動の規則性を見いだす。				・実験結果から，「速さと時間」「移動距離と時間」の関係を見いだして表現している。
4	・物体の運動について問題を見いだし，課題を設定する。			B	・運動の様子が変わることに問題を見いだし，他者の意見も参考にして検証可能な課題を設定しようとしている。
5	・斜面の傾きと速さの変わり方の規則性を見いだす。		B		・斜面を下る力学台車の速さが，時間とともに一定の割合で変化していることを見いだして表現している。
6	・力が働いていないとき，物体は等速直線運動することを見いだす。		A		・実験結果から，「速さと時間」「移動距離と時間」の関係を見いだして表現している。
	・慣性の法則を理解する。				・慣性の法則を物体に働く力と関係付けて理解している。
7	・物体に力が働くとき反対向きにも力が働くことを理解する。				・物体に力を加えると，力が働き返されることを日常生活での経験と関連付けて理解している。
8	・第4時に設定した課題を解決する。			A	・力が働き続ける運動と力が働いていないときの運動についての知識・技能を活用して，力学台車に働く力の大きさの違いと速さの変化に関係付けて説明しようとしている。
9	・運動の速さと向き，力と運動についての基本的な概念や原理・法則などを理解する。	B			・力が働き続ける運動と力が働いていないときの運動について，速さの変化と力の関係や，時間の経過と速さの変化の関係を理解している。
ペーパーテスト（定期考査等）		B	B		
単元の総括		B	B	A	

・「知識・技能」は，第2時で「技能」を評価し，第9時とペーパーテストで「知識」を評価した。その結果，「ＢＢＢ」となることから，総括して「Ｂ」とした。
・「思考・判断・表現」は，第5時と第6時とペーパーテストで評価し「ＢＡＢ」となることから，総括して「Ｂ」とした。
・「主体的に学習に取り組む態度」は，「ＢＡ」となることから，総括して「Ａ」とした。

理科　　事例3

キーワード　「知識・技能」の評価

単元名	内容のまとまり
生物と細胞	第２学年第２分野(3)「生物の体のつくりと働き」

1　単元の目標

(1)　生物の体のつくりと働きとの関係に着目しながら，生物と細胞を理解するとともに，それらの観察，実験などに関する技能を身に付けること。

(2)　生物と細胞について，見通しをもって解決する方法を立案して観察，実験などを行い，その結果を分析して解釈し，生物の体のつくりと働きについての規則性や関係性を見いだして表現すること。

(3)　生物と細胞に関する事物・現象に進んで関わり，科学的に探究しようとする態度を養うこと。

2　単元の評価規準

知識・技能	思考・判断・表現	主体的に学習に取り組む態度
生物の体のつくりと働きとの関係に着目しながら，生物と細胞についての基本的な概念や原理・法則などを理解しているとともに，科学的に探究するために必要な観察，実験などに関する基本操作や記録などの基本的な技能を身に付けている。	生物と細胞について，見通しをもって解決する方法を立案して観察，実験などを行い，その結果を分析して解釈し，生物の体のつくりと働きについての規則性や関係性を見いだして表現しているなど，科学的に探究している。	生物と細胞に関する事物・現象に進んで関わり，見通しをもったり振り返ったりするなど，科学的に探究しようとしている。

3 指導と評価の計画（4時間）

時間	ねらい・学習活動	重点	記録	備考
1・2	・顕微鏡を用いて細胞の観察の仕方を身に付ける。 ・オオカナダモやタマネギの表皮細胞を観察し，スケッチする。	知	〇	・顕微鏡を正しく扱って観察し，観察した細胞の特徴について，スケッチや文章で正しく記録している。 ［行動観察］［記述分析］
3	・ヒトのほおの内側の細胞を観察し，スケッチする。			
4	・観察記録に基づき植物細胞と動物細胞を比較しながら，共通点と相違点を見いだす。 ・自分の考えを説明し，対話を通じてまとめる。	思・態	〇	・共通点としては，核，細胞質があること，相違点としては，植物細胞には細胞壁があり，葉緑体や液胞が見られるものがあることを見いだして表現している。 ［記述分析］ ・自分の考えを説明するとともに，他者の考えを取り入れてまとめようとしている。［記述分析］

＊記録の欄に〇が付いていない授業においても，教師が生徒の学習状況を把握し，指導の改善に生かすことが重要である。

4　観点別学習状況の評価の進め方　知識・技能

（1）本時（第1・2・3時）のねらい

　細胞を染色したり，顕微鏡の倍率を変えたり，スケッチを行ったりして，顕微鏡を用いた観察の仕方を身に付ける。

（2）評価規準

「知識・技能」

　顕微鏡を正しく操作して観察し，観察した細胞の特徴について，スケッチや文章で適切に記録している。

（3）評価のポイント

　顕微鏡を正しく操作して観察を行い，観察対象の特徴を捉えて記録する技能を評価する。顕微鏡を用いた観察技能を着実に身に付けさせるために，個別に観察を行わせ，スケッチなどの記録を取らせる。その際に，細胞の特徴について注目させる。

（4）指導と評価の流れ

学習場面	学習活動	学習活動における具体の評価規準	評価方法
展開1 （第1時）	・植物や動物の細胞を観察するために顕微鏡が必要であることに気付く。 ・顕微鏡の使い方を理解する。 課題：顕微鏡を使って，植物や動物の細胞の特徴を見付けよう。		
展開2 （第2時）	・タマネギの表皮細胞やオオカナダモの細胞を観察する。 ・スケッチの仕方を確認する。	・顕微鏡を使って細胞の観察をしている。 ・顕微鏡を正しく扱って観察し，観察した細胞の特徴について，スケッチや文章で正しく記録している。	スケッチ 記録
展開3 （第3時）	・ヒトのほおの内側の細胞を観察する。	・顕微鏡を使って細胞の観察をしている。 ・スケッチや記録をしている。	スケッチ 記録

（5）「知識・技能」の評価例

　ここでは，スケッチや記録を分析することにより，評価を行う。

【評価Bの例】

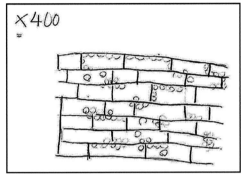

・細胞の形がおよそ正確に描かれているが，特徴に関する記述がない。
・一つの細胞の細かな特徴が分かるようなスケッチまたは記述が少ない。
・観察に適した倍率で観察できている。

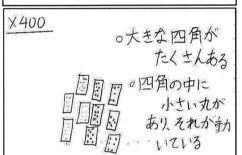

・スケッチでは細胞の形や特徴を正確に捉えられていないが，記述によってそれが補足されている。
・観察に適した倍率で観察できている。

　この2つの事例では，上記の理由から知識・技能の観点で「おおむね満足できる」状況（B）と判断できる。

【評価Aの例】

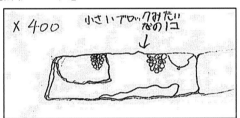

・細胞の形がおよそ正確に描かれている。
・気泡など余計な物が描かれていない。
・細胞の特徴について，記述がある。
・観察に適した倍率で観察できている。

　この事例では，上記の理由から知識・技能の観点で「十分満足できる」状況（A）と判断できる。

【評価Cの例とその生徒に対する指導の手立て】

評価Cの例	指導の手立て
細胞にピントが合わせられず，観察ができない。	顕微鏡の操作が正しく身に付いていないと考えられるため，明るさの調節や低倍率から順にピントを合わせることなど，操作の手順を確認できるように支援する。
細胞がどれかが分かっておらず，別の物を観察している。	同じ班で細胞を観察できている生徒の顕微鏡を見せてもらうなど，観察対象を意識させ，自分でも見付けられるように支援する。
観察は行っているが，スケッチができない。	スケッチに苦手意識がある生徒には，スケッチでは大まかな形を捉えられればよいとし，細かな特徴は文章で書くように指示して，観察の目的を意識するように支援する。

理科　事例4

キーワード　「思考・判断・表現」の評価

単元名	内容のまとまり
化学変化と電池	第3学年第1分野(6)「化学変化とイオン」

1　単元の目標

(1) 化学変化をイオンのモデルと関連付けながら，金属イオン，化学変化と電池を理解するとともに，それらの観察，実験などに関する技能を身に付けること。

(2) 化学変化と電池について，見通しをもって観察，実験などを行い，イオンと関連付けてその結果を分析して解釈し，化学変化における規則性や関係性を見いだして表現すること。また，探究の過程を振り返ること。

(3) 化学変化と電池に関する事物・現象に進んで関わり，科学的に探究しようとする態度を養うこと。

2　評価規準

知識・技能	思考・判断・表現	主体的に学習に取り組む態度
化学変化をイオンのモデルと関連付けながら，金属イオン，化学変化と電池についての基本的な概念や原理・法則などを理解しているとともに，科学的に探究するために必要な観察，実験などに関する基本操作や記録などの基本的な技能を身に付けている。	化学変化と電池について，見通しをもって観察，実験などを行い，イオンと関連付けてその結果を分析して解釈し，化学変化における規則性や関係性を見いだして表現しているとともに，探究の過程を振り返るなど，科学的に探究している。	化学変化と電池に関する事物・現象に進んで関わり，見通しをもったり振り返ったりするなど，科学的に探究しようとしている。

3 指導と評価の計画（8時間）

時間	ねらい・学習活動	重点	記録	評価方法
1	・硝酸銀水溶液と銅を反応させる実験を行い，反応前後の違いを比較し，銀が析出し，銅が水溶液中に溶けることを見いだす。	思		・銀樹が生成したことや，水溶液の色の変化から，銀が析出し，銅が水溶液中に溶けることを見いだして表現している。
2	・硝酸銀水溶液と銅の反応から，銀が析出し，銅が水溶液中に溶けたことを，イオンや電子のモデルを用いて表現する。	思	○	・実験の結果を基に，反応についてイオンや電子のモデルと関連付けながら，自らの考えを表現している。[記述分析]
2	・銀イオンが銀原子になり，銅原子が銅イオンになる変化と関連付けて，電子の授受やイオンへのなりやすさを理解する。	知		・銀イオンが電子を受け取って銀原子になり，銅原子が水溶液中に溶けだして銅イオンになるとともに電子を受け渡したことを，イオンや電子のモデルと関連付けながら理解している。
3	・Cu，Zn，Mg のイオンへのなりやすさの違いを調べる実験を計画する。	思	○	・それぞれの金属と硫酸塩水溶液との組合せを考え，見通しをもって実験を計画している。[記述分析]
4	・計画した実験を行い，3種類の金属のイオンへのなりやすさについて考察する。	思	○	・3種類の金属と硫酸塩の反応から，3種類の金属のイオンへのなりやすさについて考察している。[記述分析]
5	・ダニエル電池を製作し，電気のエネルギーを取り出した際の正極と負極での反応など気付いたことを記録する。	知		・正極と負極での反応に着目し，気付いたことを記録している。
6	・ダニエル電池の基本的な仕組みをイオンのモデルを用いて表現する。	態	○	・ダニエル電池の基本的な仕組みについて，イオンのモデルを用いて表現しようとしている。[記述分析]
7	・電池の基本的な仕組みを理解する。	知	○	・電池の基本的な仕組みを理解している。[ペーパーテスト]
8	・身の回りには様々な電池が利用されていることを理解する。	知		・身の回りには様々な電池が利用されていることを理解している。

＊記録の欄に○が付いていない授業においても，教師が生徒の学習状況を把握し，指導の改善に生かすことが重要である。

4 観点別学習状況の評価の進め方 思考・判断・表現

（1）本時（第4時）のねらい

前時に計画した実験を行い，その結果を考察して金属のイオンへのなりやすさが異なることを見いだす。

（2）評価規準

「思考・判断・表現」

実験の結果を考察して，金属によってイオンへのなりやすさが異なることを見いだして表現している。

（3）本時のポイント

実験の結果を考察して，3種類の金属のイオンへのなりやすさが異なることを見いだして表現しているかを評価する。

（4）指導と評価の流れ

学習場面	学習活動	学習活動における具体の評価規準	評価方法
導入	・前時に計画した実験を想起する。		
展開1	課題：3種類の金属のイオンへのなりやすさを調べよう。		ワークシート
	・計画した実験を行い，結果を考察する。	・実験の結果を考察して，金属によってイオンへのなりやすさが異なることを見いだして表現している。	
展開2	・自分の考察を発表し，対話を通して，考えを深める。		

＜ワークシートの例＞

考察 結果から3種類の金属のイオンへのなりやすさについて何が言えるか。

<table>
<tr><td></td></tr>
</table>

（5）「思考・判断・表現」の評価例

　ここでは，ワークシートの記述を分析することにより，評価を行う。

【評価Ｂの例】

　実験の結果を基に，３種類の金属のイオンへのなりやすさが異なることを見いだして表現している。このことから，思考・判断・表現の観点で「おおむね満足できる」状況（Ｂ）と判断できる。

> 様々な金属とそれに対応する水溶液を反応させた結果を見ると，金属のイオンへのなりやすさには違いがあることが分かった。

【評価Ａの例】

　実験の結果を基に，３種類の金属のイオンへのなりやすさが異なることを見いだして，根拠をもってイオンへのなりやすさの順を表現している。このことから，思考・判断・表現の観点で「十分満足できる」状況（Ａ）と判断できる。

> ３つの金属と硫酸塩水溶液の組合せを考え，水溶液中に含まれる金属イオンが固体として析出するかどうかを見ることで，Mg, Zn, Cu の順番でイオンへなりやすいと考えられる。

【評価Ｃの例】

　実験の結果を基に，３種類の金属のイオンへのなりやすさが異なることについて表現していない。このことから，思考・判断・表現の観点で「努力を要する」状況（Ｃ）と判断できる。

> 組合せによって金属が出てくるときと出てこないときがあった。

【「努力を要する」状況と評価した生徒に対する指導の手立て】

　本事例において，複数の実験の結果を考察することに困難を感じる生徒もいる。金属によってイオンへのなりやすさが異なることに気付くようにするために，まずは，２種類の金属で実験を行い，どちらがイオンになりやすいかを判断して考察することができるように支援する。

理科　事例5

キーワード　「知識・技能」,「思考・判断・表現」の評価

単元名	内容のまとまり
光と音	第1学年第1分野(1)「身近な物理現象」

1　単元の目標

(1) 光と音に関する事物・現象を日常生活や社会と関連付けながら，光の反射や屈折，凸レンズの働き，音の性質を理解するとともに，それらの観察，実験などに関する技能を身に付けること。

(2) 光と音について，問題を見いだし見通しをもって観察，実験などを行い，光の反射や屈折，凸レンズの働き，音の性質の規則性や関係性を見いだして表現すること。

(3) 光と音に関する事物・現象に進んで関わり，科学的に探究しようとする態度を養うこと。

2　単元の評価規準

知識・技能	思考・判断・表現	主体的に学習に取り組む態度
光と音に関する事物・現象を日常生活や社会と関連付けながら，光の反射や屈折，凸レンズの働き，音の性質についての基本的な概念や原理・法則などを理解しているとともに，科学的に探究するために必要な観察，実験などに関する基本操作や記録などの基本的な技能を身に付けている。	光と音について，問題を見いだし見通しをもって観察，実験などを行い，光の反射や屈折，凸レンズの働き，音の性質の規則性や関係性を見いだして表現しているなど，科学的に探究している。	光と音に関する事物・現象に進んで関わり，見通しをもったり振り返ったりするなど，科学的に探究しようとしている。

3　指導と評価の計画（15時間）

時間	ねらい・学習活動	重点	記録	備考
1	・煙等を用いて，光の道筋を観察したり，光源からの光を直方ガラスに斜めに当てたりすることで，「光の進み方」や「ものの見え方」を理解する。	知		・「光の進み方」を理解している。
2	・「透明な板や台形ガラスを通して文字を読んでみる」という取組の過程で，光の進み方に着目し問題を見いだして課題を設定する。	思		・光の進み方に着目し，問題を見いだしている。 ・第7時の学習につなげる。
3	・光を鏡に当てる実験を通して光の道筋を記録し，入射角と反射角には規則性があることを見いだす。	思	○	・「反射の法則」を見いだしている。 ［記述分析］

4	・物体を鏡に映し，その像と物体との位置関係を調べる。 ・全身を映すことができる一番小さな鏡の大きさを調べる実験を行い，光の道筋を作図する。	知		・「ものの見え方」と「反射の法則」を活用し，鏡による像の位置や光の進む道筋について正しく作図している。
5	・光が直方ガラスに入るときや出るときの光の進み方を調べる。 ・光が屈折することによって，どのように進むかを作図し，屈折の規則性を見いだす。	思	○	・屈折の実験の結果を表などで適切にまとめ，屈折するときの規則性を見いだして表現している。 ［記述分析］
6	・反射や屈折の知識を活用して，台形ガラスを通して文字の見え方がどのように変化するかを調べる。	態	○	・反射と屈折の規則性について振り返り，光の進み方とものの見え方の関係について調べようとしている。 ［記述分析］
7	・凸レンズによる様々な現象を観察する過程で，光の進み方に着目し，問題を見いだして課題を設定する。	思	○	・光の進み方に着目し，問題を見いだして課題を設定している。 ［記述分析］
8	・光源の位置を変えたときの凸レンズによる像のでき方を調べ，表にまとめ，考察する。	思		・凸レンズによる像のでき方の実験結果から規則性を見いだして表現している。
9	・凸レンズを通る光の道筋を作図することで，物体と凸レンズの距離による像の大きさや向きの変化を理解する。	知	○	・凸レンズにおける物体の位置と像の位置や大きさとの関係について理解している。［ペーパーテスト］
10	・プリズムや分光シートを用いて，白色光が様々な色に分かれることを知る。	知		・白色光が様々な色に分かれることを理解している。
11	・様々な音源に触ったり，観察したりすることを通して，音に関しての問題を見いだして課題を設定する。	思		・共鳴音さや真空鈴の実験結果から，音の伝わり方に関して，問題を見いだして課題を設定している。
12	・花火や稲光では光が見えることと音がずれて聞こえることについて理解する。	知		・音は空気中をおよそ340m/sで伝わること，花火や稲光では音がずれることを理解している。
13	・弦をはじいたときの音の大きさや高さの違いと振動の仕方の関係を調べる。	態	○	・音の大きさや高さの違いに興味をもち，調べようとしている。 ［記述分析］
14	・音の波形から，振動の様子と音の大きさ・高さとの関係を見いだす。	思	○	・オシロスコープの波形結果から，音の大きさや高さと振幅と振動数の関係を見いだして表現している。 ［記述分析］
15	・これまでの学習を生かして，光または音の性質を利用したものづくりを行う。 　例：カメラ，望遠鏡， 　　　輪ゴムギター，ストロー笛 ・製作したものの仕組みを理解する。	知	○	・ものづくりを通して，光または音の性質に関する知識を基に，その仕組みを理解している。［記述分析］

＊記録の欄に○が付いていない授業においても，教師が生徒の学習状況を把握し，指導の改善に生かすことが重要である。

4　観点別学習状況の評価の進め方　思考・判断・表現

（1）　本時（第7時）のねらい

凸レンズによってできる像の観察を行い，光の進み方に着目し，問題を見いだして課題を設定する。

（2）　評価規準

「思考・判断・表現」

凸レンズによってできる像の観察を行い，光の進み方に着目し，問題を見いだして課題を設定している。

（3）　評価のポイント

凸レンズによってできる像を観察し，問題を見いだして表現しているかを評価する。

（4）　指導と評価の流れ

学習場面	学習活動	学習活動における具体の評価規準	評価方法
導入	凸レンズでタブレットの画面をスクリーンに映すことができるか工夫しよう。		
	・凸レンズでタブレットの画面をホワイトボード（スクリーン）に映し出すことを通して，気付きや疑問をワークシートに記入する。 （個人→班で共有）		
展開	課題：凸レンズによってできる像について気付いたことや疑問から，問題を見いだそう。		
	・班で共有した様々な気付きや疑問を基に，原因や関係することを考える。 『〜は〜と関係しているのか』 『〜は〜が原因ではないか』	・凸レンズによってできる像について，問題を見いだして表現している。	ワークシート
まとめ	・班でまとめた問題をクラスで共有し，単元を通して解決する課題を設定する。 『凸レンズと光源との距離によって，像の大きさや向き，できる位置は，どのようになるだろうか。』		

（5）「思考・判断・表現」の評価例

　ここでは，ワークシートの記述を分析することにより，評価を行う。

【評価Bの例】

　凸レンズによってスクリーンにできた像を観察し，得られた気付きや疑問を基に，自ら問題を見いだして表現している。しかし，原因までは表現していない。このことから，思考・判断・表現の観点で「おおむね満足できる」状況（B）と判断できる。

> ・上下左右逆さまに映る原因は何か。
> ・どうしたら大きくはっきり映し出せるのか。

> ・なぜ左右反転するのか。
> ・光源〜凸レンズ と 凸レンズ〜スクリーンの関係。

【評価Aの例】

　凸レンズによってスクリーンにできた像を観察し，原因や関係していることを示して問題を見いだして表現している。このことから，思考・判断・表現の観点で「十分満足できる」状況（A）と判断できる。

> ・なぜタブレットの画面の向きと，上下左右が逆に映し出されるのか。
> ・凸レンズを通る光の進み方が関係しているのではないか。
> ・見え方の上下左右が逆になるのは，凸レンズに光が当たったとき，屈折するからではないか。

> ・凸レンズがタブレットに近づきすぎても遠すぎてもピントが合わないのは，どこかにちょうどピントが合う位置があるからではないか。
> ・スクリーンにきれいに映るのは，タブレットから凸レンズの距離と凸レンズからスクリーンまでの距離が関係しているのではないか。

【評価Cの例】

　観察から得られた気付きや疑問を基に，問題を見いだした記述がない。このことから，思考・判断・表現の観点で「努力を要する」状況（C）と判断できる。

> スクリーンに上手く映すのは難しかったけれど，映ったときは嬉しかった。

【「努力を要する」状況と評価した生徒に対する指導の手立て】

　凸レンズでタブレットの画面をホワイトボード（スクリーン）に映し出すことに重点を置いて取り組んでいると考えられる。そこで，観察する上での視点を与えた上で再観察を行って，気付きや疑問を基に，問題を見いだして表現できるように支援する。

5　観点別学習状況の評価の進め方　知識・技能

（1）本時（第9時）のねらい

凸レンズによる物体の位置と像の位置や大きさとの関係について理解する。

（2）評価規準

「知識・技能」

凸レンズによる物体の位置と像の位置や大きさとの関係について理解している。

（3）評価のポイント

本時では，凸レンズを用いてできる像について定性的な関係を理解しているかどうかを評価する。なお，凸レンズを用いてできる像についての知識・技能の評価は，単元の学習が進むにつれて理解が深まるため，単元末等のペーパーテストの結果も併せて行う。

（4）指導と評価の流れ

学習場面	学習活動	学習活動における具体の評価規準	評価方法
導入	・第8時の実験結果を確認する。		
	課題：作図を用いて凸レンズによる像のでき方の規則性を考えよう。		
展開1	・凸レンズを通る光のうち特徴的な光の道筋の作図について理解する。		
展開2	・凸レンズと物体の距離を変化させたときの像のでき方を，作図して考える。		
まとめ	・凸レンズを通して見える像についてペーパーテストを行う。	・物体と凸レンズの距離を変えたときの像のでき方を理解している。	ペーパーテスト

（5）「知識・技能」の評価例

ここでは，ペーパーテストの記述を分析することにより，評価を行う。

＜ペーパーテストの例（図は省略）＞

> 文字が印刷された紙面の数cm上に凸レンズをおく。
>
> 問1　このとき凸レンズを通して，見える像について以下の問いに答えなさい。
>
> (1)下の説明文が適切となるように，ア～エの中から1つ選びましょう。
>
> 　物体を凸レンズと焦点の間に置き，凸レンズを通して物体を見ると　①　した　②　が見える。
>
> | | ① | ② |
> |---|---|---|
> | ア | 拡大 | 実像 |
> | イ | 拡大 | 虚像 |
> | ウ | 縮小 | 実像 |
> | エ | 縮小 | 虚像 |
>
> (2) 凸レンズを通して見える像について，文字を矢印（↑）に見立て，図示しましょう。

【評価Bの例】

問1(1)では，物体を凸レンズと焦点との間に置いたときの像の大きさと名称を理解している。

問1(2)では，レンズの中心を通る光の進み方及び光軸に平行な光の進み方については図示できているが，虚像が図示できていない。このことから，知識・技能の観点で「おおむね満足できる」状況（B）と判断できる。

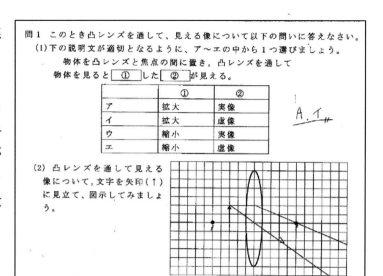

【評価Aの例】

物体を凸レンズと焦点との間に置いたときの像の大きさと名称を理解し，凸レンズを通る光の道筋と像のでき方の関係を捉えている。このことから，知識・技能の観点で「十分満足できる」状況（A）と判断できる。

【評価Cの例】

問1(1)では，物体を凸レンズと焦点との間に置いた場合の像のでき方を理解していない。

問1(2)では，虚像が図示できていない。このことから，知識・技能の観点で「努力を要する」状況（C）と判断できる。

【「努力を要する」状況と評価した生徒に対する指導の手立て】

物体と凸レンズとの距離を変化させたときの像のでき方を再観察して，凸レンズを通る光の道筋と像のでき方の関係を捉え，物体を凸レンズと焦点との間に置いたときの像のでき方を理解できるように支援する。

理科　事例6

キーワード　「知識・技能」,「主体的に学習に取り組む態度」の評価

単元名	内容のまとまり
化学変化	第2学年第1分野(4)「化学変化と原子・分子」

1　単元の目標

(1) 化学変化を原子や分子のモデルと関連付けながら，化学変化，化学変化における酸化と還元，化学変化と熱を理解するとともに，それらの観察，実験などに関する技能を身に付けること。

(2) 化学変化について，見通しをもって解決する方法を立案して観察，実験などを行い，原子や分子と関連付けてその結果を分析して解釈し，化学変化における物質の変化を見いだして表現すること。

(3) 化学変化に関する事物・現象に進んで関わり，科学的に探究しようとする態度を養うこと。

2　評価規準

知識・技能	思考・判断・表現	主体的に学習に取り組む態度
化学変化を原子や分子のモデルと関連付けながら，化学変化，化学変化における酸化と還元，化学変化と熱についての基本的な概念や原理・法則などを理解しているとともに，科学的に探究するために必要な観察，実験などに関する基本操作や記録などの基本的な技能を身に付けている。	化学変化について，見通しをもって解決する方法を立案して観察，実験などを行い，原子や分子と関連付けてその結果を分析して解釈し，化学変化における物質の変化を見いだして表現しているなど，科学的に探究している。	化学変化に関する事物・現象に進んで関わり，見通しをもったり振り返ったりするなど，科学的に探究しようとしている。

第3編
事例6

3　指導と評価の計画（10時間）

時間	ねらい・学習活動	重点	記録	備考
1	・鉄と硫黄を反応させる実験を行い，反応前後の性質の違いを比較し，別の物質が生成していることを見いだす。	思	○	・反応前後の性質の違いを比較し，別の物質が生成していることを見いだして表現している。［記述分析］
2	・化学変化を，原子や分子のモデルと関連付けて理解する。	知		・化学変化を，原子や分子のモデルと関連付けて理解している。
3	・スチールウールを燃焼させる実験を行い，酸素と結び付いて，別の物質が生成していることを見いだす。	思	○	・鉄が酸素と結び付いて，別の物質が生成していることを見いだして表現している。［記述分析］
4	・銅やマグネシウムが酸素と結び付く反応を，原子や分子のモデルと関連付けて理解する。	知		・酸化は，物質が酸素と結び付く反応で，特に激しく熱や光を出す反応が燃焼であることを理解している。
5	・酸化銅と炭素の混合物を加熱する実験を行い，金属や気体の性質から，銅と二酸化炭素が生成したことを理解する。	知		・金属や気体の性質から，銅と二酸化炭素が生成したことを理解している。
6	・酸化銅と炭素から銅と二酸化炭素が生成したことを，原子や分子のモデルを用いて表現する。	思	○	・実験の結果を基に，化学反応について原子や分子のモデルを用いて表現している。［記述分析］
7	・二酸化炭素中でマグネシウムリボンが燃焼する現象を観察し，その変化を原子や分子のモデルを用いて説明する。	態	○	・二酸化炭素中でマグネシウムリボンが燃焼する現象について，原子や分子のモデルを用いて説明しようとしている。［記述分析］
8	・熱を取り出す実験を行い，化学変化には熱の出入りが伴うことを見いだす。 ・塩化アンモニウムと水酸化バリウムを反応させる実験を行い，温度変化を調べ，化学変化には熱の出入りが伴うことを見いだす。	思	○	・化学変化には熱の出入りが伴うことを見いだして表現している。［記述分析］
9	・鉄粉の酸化を利用したカイロを作成するなど，ものづくりを通して化学変化による発熱について理解する。	知		・熱を発生する化学変化について理解している。
10	・化学変化に関する学習を振り返り，概念的な知識を身に付けているかどうかを確認する。	知	○	・化学変化に関する概念的な知識を身に付けている。［ペーパーテスト］

＊記録の欄に○が付いていない授業においても，教師が生徒の学習状況を把握し，指導の改善に生かすことが重要である。

4　観点別学習状況の評価の進め方　「主体的に学習に取り組む態度」

（1）　本時（第7時）のねらい

二酸化炭素中でマグネシウムリボンが燃焼する現象を観察し，酸化銅と炭素の反応における知識及び技能を活用して，その変化を原子や分子のモデルを用いて説明する。

（2）　評価規準

「主体的に学習に取り組む態度」

二酸化炭素中でマグネシウムリボンが燃焼する現象を，原子や分子のモデルを用いて，試行錯誤しながら説明しようとしている。

（3）　評価のポイント

二酸化炭素中でマグネシウムリボンが燃焼する現象を，原子や分子のモデルを用いて説明しようとしているかを，ワークシートの記述を基に評価する。

> ワークシートの一部
> 1　物質が二酸化炭素の中で燃焼するかを予想する。（学習前）
> 2　マグネシウムが二酸化炭素の中で燃焼することを，原子や分子のモデルを用いて説明しよう。（学習後）
> 3　学習前後の考えを比較し，対話を通して，どのように課題を解決しようとしたか記述しなさい。

（4）　指導と評価の流れ

学習場面	学習活動	学習活動における具体の評価規準	評価方法
導入	・物質が二酸化炭素中で燃焼するかを予想する。 ・火の着いたろうそくやマグネシウムリボンを，二酸化炭素中に入れる実験を行う。		
展開1	課題：マグネシウムが二酸化炭素の中で燃焼することを，原子や分子のモデルを用いて説明しよう。		
	・生成した物質を観察して，炭素ができていることに気付く。		
展開2	・マグネシウムが燃焼し炭素が生成することを，原子や分子のモデルを用いて考える。 マグネシウムは酸素を奪い，二酸化炭素は酸素を失う。		

展開3	・他者との対話を通して，自分の考えを検討する。		
まとめ	・本時を振り返り，試行錯誤しながら考えたことをワークシートに記述する。	・二酸化炭素中でマグネシウムリボンが燃焼する現象を，原子や分子のモデルを用いて他者との対話を通して，試行錯誤しながら説明しようとしている。	ワークシート

（5）「主体的に学習に取り組む態度」の評価例

　　ここでは，ワークシートの記述を分析することにより，評価を行う。

【評価Bの例】

　学習前後を振り返って，対話を通して，課題を解決しようとしている。このことから，主体的に学習に取り組む態度の観点で「おおむね満足できる」状況（B）と判断できる。

> 二酸化炭素中でものは燃えないと思っていたのに，マグネシウムが燃えて驚いた。みんなの説明を聞いたら，二酸化炭素中でもものが燃えることが分かった。

【評価Aの例】

　学習前後を振り返って，対話を通して，試行錯誤しながら課題を解決しようとしており，学習前後における変容を具体的に記述している。このことから，主体的に学習に取り組む態度の観点で「十分満足できる」状況（A）と判断できる。

> 酸素が無いので二酸化炭素中でものは燃えないと思っていたが，酸素はより結び付きやすい物質と結び付く性質があるという友達の発言から，モデルを使ってマグネシウムは二酸化炭素中の酸素と結び付いて燃えていることが説明できた。

> 最初は，マグネシウムが燃焼した後に，なぜ炭素ができたのか分からなかった。実験結果を班で話し合う中で，集気びんの中で炭素が含まれているのは二酸化炭素しかないことに気付いたけど，モデルで説明はできなかったので，もう一度よく考えたい。

【評価Cの例】

　実験の結果だけを記述している。このことから，主体的に学習に取り組む態度の観点で「努力を要する」状況（C）と判断できる。

> 二酸化炭素中でマグネシウムが燃えた。

【「努力を要する」状況と評価した生徒に対する指導の手立て】

　自分がどこまで考えて，どこから分からないのか明らかにさせ，他者の考えを聞いたり対話をしたりして，課題の解決に向けて取り組むことができるように支援する。

5 観点別学習状況の評価の進め方　知識・技能

（1）本時（第10時）のねらい

化学変化を原子や分子のモデルと関連付けながら，化学変化，化学変化における酸化と還元，化学変化と熱についての基本的な概念を理解する。

（2）評価規準

「知識・技能」

化学変化を原子や分子のモデルと関連付けながら，化学変化，化学変化における酸化と還元，化学変化と熱についての基本的な概念を理解している。

（3）評価のポイント

化学変化に関する概念的な知識は，単元の学習が進むにつれて理解が深まるため，第1時～9時においては記録に残す評価は行わず，本時におけるペーパーテストで評価する。

（4）「知識・技能」の評価例

ここでは，ペーパーテストの記述を分析することにより，評価を行う。問1で，事実的な知識を問い，問2で概念的な知識を問う。

＜ペーパーテストの例（図は省略）＞

酸化銅と炭素の粉末の混合物を加熱し，発生した気体を石灰水に通したら白く濁った。 試験管が冷めたら，試験管内に残った固体を取り出し，薬さじでこすったら金属光沢が見られた。

問1　この実験で，酸化銅と炭素に起こった化学変化を何というか。それぞれ書きなさい。

酸化銅	炭素

問2　この実験で酸化銅と炭素に起こっていることを，図や記号，言葉で表しましょう。

【評価Bの例】

問1では，両方正解している。問2では，炭素の酸化は記述しているが，酸化銅の還元は記述していない。このことから，知識・技能の観点で「おおむね満足できる」状況（B）と判断できる。

（問1）酸化銅：還元　　炭素：酸化
（問2）酸素が炭素と結び付いて，二酸化炭素が発生した。

【評価Aの例】

　問1では，両方正解している。問2では，酸化と還元は酸素をやりとりする逆向きの反応であることを原子や分子のモデルと関連付けながら，化学反応式や図や言葉などで記述している。このことから，知識・技能の観点で「十分満足できる」状況（A）と判断できる。

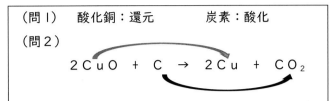

（問1）　酸化銅：還元　　　　炭素：酸化

（問2）

$$2CuO + C \rightarrow 2Cu + CO_2$$

　銅よりも炭素の方が，酸素との結び付きが強いので，銅から酸素を奪い，酸化銅は還元されて銅に，炭素は酸化して二酸化炭素に変わっている。

【評価Cの例】

　問1と問2が誤答である。このことから，知識・技能の観点で「努力を要する」状況（C）と判断できる。

【「努力を要する」状況と評価した生徒に対する指導の手立て】

　用語を確認し，酸化銅の還元を原子や分子のモデルを用いてもう一度表現してから，現象とモデルと用語を関連付けて理解することができるように支援する。

理科　　事例7

キーワード　「思考・判断・表現」，「主体的に学習に取り組む態度」の評価

<table>
<tr><td>単元名

　遺伝の規則性と遺伝子</td><td>内容のまとまり

第3学年第2分野(5)「生命の連続性」</td></tr>
</table>

1　単元の目標

(1) 生命の連続性に関する事物・現象の特徴に着目しながら，遺伝の規則性と遺伝子を理解するとともに，それらの観察，実験などに関する技能を身に付けること。

(2) 遺伝の規則性と遺伝子について，観察，実験などを行い，その結果や資料を分析して解釈し，遺伝現象についての特徴や規則性を見いだして表現すること。また，探究の過程を振り返ること。

(3) 遺伝の規則性と遺伝子に関する事物・現象に進んで関わり，科学的に探究しようとする態度を養うこと。

2　単元の評価規準

知識・技能	思考・判断・表現	主体的に学習に取り組む態度
遺伝の規則性と遺伝子に関する事物・現象の特徴に着目しながら，遺伝の規則性と遺伝子についての基本的な概念や原理・法則などを理解しているとともに，科学的に探究するために必要な観察，実験などに関する基本操作や記録などの基本的な技能を身に付けている。	遺伝の規則性と遺伝子について，観察，実験などを行い，その結果や資料を分析して解釈し，遺伝現象についての特徴や規則性を見いだして表現しているとともに，探究の過程を振り返るなど，科学的に探究している。	遺伝の規則性と遺伝子に関する事物・現象に進んで関わり，見通しをもったり振り返ったりするなど，科学的に探究しようとしている。

3 指導と評価の計画（7時間）

時間	ねらい・学習活動	重点	記録	備考
1	・単元の学習に入る前に，イメージマップに既有の知識を整理する。 ・子に表れる形質が親と全く同じであるときや，異なるときがあることを話し合う。	態		・単元の学習前後の自己の変容に気付くことができるようにするためにイメージマップに既有の知識を整理している。
2	・メンデルの交配実験の方法を知る。 ・有性生殖の仕組みと関連付けて顕性（優性）の法則を理解する。 ・顕性（優性）の法則を基に，孫の代の結果を推測する。	知		・有性生殖と関連付けて顕性（優性）の法則を理解している。
3	・遺伝子を記号（A，aなど）で表し，遺伝の仕組みを理解する。 ・減数分裂と関連付けて分離の法則を理解する。	知		・メンデルの実験における，遺伝子の伝わり方を理解している。
4	・メンデルの実験を表すモデル実験を行い，遺伝子の伝わり方について理解する。 ・モデル実験の操作が示す意味を理解する。	知	○	・モデル実験の操作が何を意味しているかを理解している。 ［記述分析］
5	・モデル実験の方法の妥当性や，試行回数と得られる結果の関係を考える。 ・モデル実験を通して，遺伝の法則を説明する。	思	○	・理論上の値とモデル実験の結果とを比較して，モデル実験の方法や結果の妥当性を考えている。［記述分析］
6	・遺伝子の本体がDNAという物質であることを知り，染色体，DNA，遺伝子の関係を理解する。 ・遺伝子やDNAに関する研究例を調べる。	知		・染色体，遺伝子，DNAの関係について理解している。
7	・学習を通して理解したことをイメージマップに整理し，自分の学びを振り返る。	態	○	・学習前後の自己の変容に気付こうとしている。［記述分析］

＊記録の欄に○が付いていない授業においても，教師が生徒の学習状況を把握し，指導の改善に生かすことが重要である。

4 観点別学習状況の評価の進め方　　思考・判断・表現

（1）本時（第5時）のねらい

　モデル実験を行い，その結果について考察・推論し，探究の過程を振り返って，実験方法や結果の関係を見いだす。

（2）評価規準

「思考・判断・表現」

　モデル実験の結果について考察・推論し，探究の過程を振り返って，実験方法や結果の関係を見いだして表現している。

（3）評価のポイント

　第4時に碁石を遺伝子に，封筒を染色体に見立てたモデルを操作しながら遺伝の仕組みを考える実験を行い，第5時にこのモデル実験の振り返りができているかを評価する。例えば，孫の代の実験結果が必ずしも3：1にはならないことに注目させ，その実験方法や結果の妥当性を検討する。その際，封筒から碁石を出すときに，同じ色が連続で出てくるときもあることや，数学で学習した確率などを踏まえて，自然界でも同様に数多くの交配が起こっていることなどと関連付けながら，試行回数と得られる結果の関係を見いだして表現しているかを評価する。

（4）指導と評価の流れ

学習場面	学習活動	学習活動における具体の評価規準	評価方法
導入	課題：メンデルの実験をモデル化し，遺伝の規則性を調べよう。		
	・前時に行った実験1（次ページの実験プリント参照）を確認する。		
展開1	・実験2（次ページの実験プリント参照）を行い，結果から孫の世代に現れる形質の割合をまとめ，実験方法と結果の妥当性を考える。 ・完全に3：1にならないのはなぜかを考える。	・実験結果から孫の世代の形質の比を求めている。	ワークシート
展開2	・再実験を行い，クラスの結果を合算して，割合の変化を調べる。	・試行回数を増やせば，3：1に近づくことを見いだしている。	
まとめ	・交配実験を数多く行い，3：1になることに気付いたメンデルの姿勢について考える。		

第3編
事例7

＜実験プリントの例＞

遺伝子の伝わり方

課題：｜ メンデルの実験をモデル化し，遺伝の規則性を確かめよう ｜

準備 碁石（白２つ，黒２つ），封筒２つ
2人1組で行う

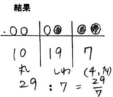

方法
実験1 純系（種子が丸い）と純系（種子がしわ）をかけ合わせる
① 片方の封筒には白い碁石を２つ入れ，もう一方の封筒には黒い碁石を２つを入れて，１人ずつ封筒を持つ。
② 封筒から同時に１つの碁石を取り出し，組み合わせを記録する。
③ ５回行う。

実験2 実験1の子の代どうしをかけ合わせる
① ２つの封筒にそれぞれ，白と黒を１つずつ入れ，１人ずつ封筒を持つ。
② 封筒から同時に１つの碁石を取り出し，組み合わせを記録する。
③ １０回以上行う。

結果と考察
○**実験1** ○…丸の遺伝子 ●…しわの遺伝子
結果

白白	白黒	黒黒
0	5	0

考察
子は必ず優性形質になる。

○**実験2**
結果

・○○	｜○●	｜●●
10	19	7
丸	しわ	(4,14)

29 : 7 = $\frac{29}{7}$: 1

他の班

	丸	しわ	比
1	8	2	4.00:1
2	33	11	3.00:1
3	21	10	2.1:1
4	9	1	9.00:1
5	11	5	2.20:1

考察
孫はおおよそ3:1で優性、劣性になる。

（５）「思考・判断・表現」の評価例

　　ここでは，ワークシートの記述を分析することにより，評価を行う。

【評価Ｂの例】

振り返り
①なぜ完全に３：１にならないのだろうか

・環境などによって豆が枯れたりして、うまく育たないことがあるから。

②この実験を行って気がついたこと，疑問点

理論上は3:1でも、自然の中ではバラつきがでてくると分かった。

振り返り
①なぜ完全に３：１にならないのだろうか

全て3:1になってしまうことは自然上ありえないことだし遺伝子の変化も起こるから

②この実験を行って気がついたこと，疑問点

理論上で3:1になっても実際にはバラバラになるんだなぁと思いました。

　　両者とも，試行回数がモデル実験の結果に与える影響に考えが及んでいない。しかし，理論上の値とモデル実験の結果を比較して考えているので，思考・判断・表現の観点で「おおむね満足できる」状況（Ｂ）と判断できる。

第3編
事例7

【評価Aの例】

振り返り
①なぜ完全に３：１にならないのだろうか
３：１にするにはとても沢山のデータが必要。今回は回数が少なかった。回数を増やせば増やす程 ３：１に近付く
②この実験を行って気がついたこと，疑問点
回数が少なかったとはいえ、あまりぴったり３：１のところは少なかった。メンデルはとても多くの回数から３：１を割り出したのかと感心した。このモデル実験は分かりやすいな、と感じた。クラスの全てのデータを足してみたかった。

　試行回数がモデル実験の結果に与える影響に気付いて表現し，遺伝の規則性について考えを深めているので，思考・判断・表現の観点で「十分満足できる」状況（A）と判断できる。

【評価Cの例】

振り返り		振り返り
①なぜ完全に３：１にならないのだろうか		①なぜ完全に３：１にならないのだろうか
		子は必ず白黒だから丸型になる
②この実験を行って気がついたこと，疑問点		②この実験を行って気がついたこと，疑問点
ぴったり３：１にはならなかったが、３：１に近い結果が出た。		丸型になる確率が高いことがわかった。

　両者とも，振り返りの問いに正対した記述となっておらず，理論上の値とモデル実験の結果を比較して考えていないので，思考・判断・表現の観点で「努力を要する」状況（C）と判断できる。

【「努力を要する」状況と評価した生徒に対する指導の手立て】

　左の生徒は，振り返りの問いを把握できていないことが考えられる。理論上の値とモデル実験の結果とを比較するよう視点を示し，試行回数がモデル実験の結果に与える影響について，考えられるように支援する。また，右の生徒は，分離の法則に関する理解が不十分であると考えられる。遺伝子を記号（A，aなど）で表し，減数分裂と関連付けながら分離の法則を理解し，結果が３：１になることについて，段階を踏みながら理解できるように支援する。その上で，今回のモデル実験を再度行わせ，白，黒が出る確率は１／２であるものの，必ずしも交互に出るわけではないことを実感させ，理論上の値とモデル実験の結果とを比較して考えられるように支援する。

第3編
事例7

5　観点別学習状況の評価の進め方　主体的に学習に取り組む態度

（１）本時（第7時）のねらい

　　単元の学習の事前と事後に，自分の知識をイメージマップにまとめ，それらを比較することで自己の成長や変容を表現しようとする。

（２）評価規準

「主体的に学習に取り組む態度」

　　単元の学習内容に関して，自己の成長や変容を表現しようとしている。

（３）評価のポイント

　　第1時では，単元の主題である「遺伝」という用語（概念）に関して，知っていることをイメージマップで表し，単元の学習前の自分のもっている知識を整理した。

　　単元末の第7時では，第1時のイメージマップに朱書きで追記することで，自己の成長や変容に気付いているかなどを，ワークシートの記述を基に評価する。

＜ワークシートの例＞

①「遺伝」という言葉を中心に，イメージする言葉をつないでイメージマップをつくろう。

　　（学習前は黒で記入し，学習後は赤で書き加える）

②学習後に書き加えたイメージマップを使って，自らの学習を振り返り，自己の成長について考えたことや思ったことを記述しよう。

（４）指導と評価の流れ

学習場面	学習活動	学習活動における具体の評価規準	評価方法
導入	・これまでの学習を簡単に振り返る。		
展開	課題：自らの学習を振り返り，自己の成長について記述しよう。		
	・第1時に用いたワークシート（イメージマップを含む）を配布し，朱書きで追記する。	・学習を通して理解したことをイメージマップで言葉をつなげることで表現している。	ワークシート
まとめ	・学習前後のワークシートを比較し，自分の学習を振り返る。	・イメージマップの変化から，自らの学習成果を自覚し，表現しようとしている。	ワークシート

第3編
事例7

（5）「主体的に学習に取り組む態度」の評価例

　ここでは，ワークシートのイメージマップと振り返りの記述内容を併せて分析することにより，評価を行う。

イメージマップの読み取りの視点	
用語の量	・学習内容に加えて，自分で調べたり関心をもったりした用語が増加している。
用語の内容	・学習内容に関連する用語が増えている。
用語の関係	・用語どうしの関係が正しく結び付けられている。
	・学習前は不十分であった用語の関係が，正しく訂正されている。

【評価Bの例】

単元の学習前　　　　　　　　　　　単元の学習後

　イメージマップでは用語どうしが正しく結び付けられており，学習前と比べて学習内容の用語が増えている。学習内容が理解できたことを自覚し，意欲の高まりも見て取れるため，主体的に学習に取り組む態度の観点で「おおむね満足できる」状況（B）と判断できる。

> 今まで，遺伝という言葉を適当に使っていたけれど，遺伝には決まりがあることが分かったので次もがんばりたい。

【評価Aの例】

単元の学習前　　　　　　　　　　　単元の学習後

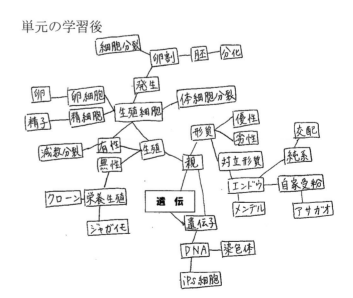

イメージマップでは，単元の内容に関する用語が増え，用語どうしの結び付きに広がりが見られる。振り返りにおいては，イメージマップにまとめた学習内容を踏まえながら，学習内容の理解の深まりを自覚しており，意欲の高まりが十分見て取れるため，主体的に学習に取り組む態度の観点で「十分満足できる」状況（A）と判断できる。

> 最初は単に「遺伝は親から子へ伝わるもの」としか考えていなかったが，これまでの授業で，一人の人間や生物が生まれるにもたくさんの組合せがあること，その仕組みや研究について分かるようになった。iPS 細胞など最新の研究についても調べられてよかった。

【評価Cの例】

単元の学習前　　　　　　　　　　　　単元の学習後

イメージマップでは，学習内容に関する用語の増加がほとんど見られない。また，振り返りにおいても自己の学習に対

> 難しかったのでよく分からなかった。

する前向きな様子を見ることができないので，主体的に学習に取り組む態度の観点で「努力を要する」状況（C）と判断できる。

【「努力を要する」状況と評価した生徒に対する指導の手立て】

学習内容について理解が乏しいことから，学習意欲を失っている状況が考えられる。例えば，スモールステップで学習内容を復習させ，できるようになったことを認めて，自己肯定感が高まるように支援する。また，身近な遺伝現象について紹介し，興味をもたせることによって主体的に学習に取り組めるように支援する。

巻末資料

中学校理科における「内容のまとまりごとの評価規準（例）」

第1分野

1 第1分野の目標と評価の観点及びその趣旨

物質やエネルギーに関する事物・現象を科学的に探究するために必要な資質・能力を次のとおり育成することを目指す。

	（1）	（2）	（3）
目標	物質やエネルギーに関する事物・現象についての観察，実験などを行い，身近な物理現象，電流とその利用，運動とエネルギー，身の回りの物質，化学変化と原子・分子，化学変化とイオンなどについて理解するとともに，科学技術の発展と人間生活との関わりについて認識を深めるようにする。また，それらを科学的に探究するために必要な観察，実験などに関する基本的な技能を身に付けるようにする。	物質やエネルギーに関する事物・現象に関わり，それらの中に問題を見いだし見通しをもって観察，実験などを行い，その結果を分析して解釈し表現するなど，科学的に探究する活動を通して，規則性を見いだしたり課題を解決したりする力を養う。	物質やエネルギーに関する事物・現象に進んで関わり，科学的に探究しようとする態度を養うとともに，自然を総合的に見ることができるようにする。

（中学校学習指導要領 P.78）

	知識・技能	思考・判断・表現	主体的に学習に取り組む態度
観点の趣旨	物質やエネルギーに関する事物・現象についての基本的な概念や原理・法則などを理解しているとともに，科学的に探究するために必要な観察，実験などに関する基本操作や記録などの基本的な技能を身に付けている。	物質やエネルギーに関する事物・現象から問題を見いだし，見通しをもって観察，実験などを行い，得られた結果を分析して解釈し，表現するなど，科学的に探究している。	物質やエネルギーに関する事物・現象に進んで関わり，見通しをもったり振り返ったりするなど，科学的に探究しようとしている。

（改善等通知　別紙4　P.12）

2　内容のまとまりごとの評価規準（例）

(1) 身近な物理現象

知識・技能	思考・判断・表現	主体的に学習に取り組む態度
身近な物理現象を日常生活や社会と関連付けながら，光と音，力の働きを理解しているとともに，それらの観察，実験などに関する技能を身に付けている。	身近な物理現象について，問題を見いだし見通しをもって観察，実験などを行い，光の反射や屈折，凸レンズの働き，音の性質，力の働きの規則性や関係性を見いだして表現している。	身近な物理現象に関する事物・現象に進んで関わり，見通しをもったり振り返ったりするなど，科学的に探究しようとしている。

(2) 身の回りの物質

知識・技能	思考・判断・表現	主体的に学習に取り組む態度
身の回りの物質の性質や変化に着目しながら，物質のすがた，水溶液，状態変化を理解しているとともに，それらの観察，実験などに関する技能を身に付けている。	身の回りの物質について，問題を見いだし見通しをもって観察，実験などを行い，物質の性質や状態変化における規則性を見いだして表現している。	身の回りの物質に関する事物・現象に進んで関わり，見通しをもったり振り返ったりするなど，科学的に探究しようとしている。

(3) 電流とその利用

知識・技能	思考・判断・表現	主体的に学習に取り組む態度
電流，磁界に関する事物・現象を日常生活や社会と関連付けながら，電流，電流と磁界を理解しているとともに，それらの観察，実験などに関する技能を身に付けている。	電流，磁界に関する現象について，見通しをもって解決する方法を立案して観察，実験などを行い，その結果を分析して解釈し，電流と電圧，電流の働き，静電気，電流と磁界の規則性や関係性を見いだして表現している。	電流とその利用に関する事物・現象に進んで関わり，見通しをもったり振り返ったりするなど，科学的に探究しようとしている。

(4) 化学変化と原子・分子

知識・技能	思考・判断・表現	主体的に学習に取り組む態度
化学変化を原子や分子のモデルと関連付けながら，物質の成り立ち，化学変化，化学変化と物質の質量を理解しているとともに，それらの観察，実験などに関する技能を身に付けている。	化学変化について，見通しをもって解決する方法を立案して観察，実験などを行い，原子や分子と関連付けてその結果を分析して解釈し，化学変化における物質の変化やその量的な関係を見いだして表現している。	化学変化と原子・分子に関する事物・現象に進んで関わり，見通しをもったり振り返ったりするなど，科学的に探究しようとしている。

(5) 運動とエネルギー

知識・技能	思考・判断・表現	主体的に学習に取り組む態度
物体の運動とエネルギーを日常生活や社会と関連付けながら，力のつり合いと合成・分解，運動の規則性，力学的エネルギーを理解しているとともに，それらの観察，実験などに関する技能を身に付けている。	運動とエネルギーについて，見通しをもって観察，実験などを行い，その結果を分析して解釈し，力のつり合い，合成や分解，物体の運動，力学的エネルギーの規則性や関係性を見いだして表現している。また，探究の過程を振り返っている。	運動とエネルギーに関する事物・現象に進んで関わり，見通しをもったり振り返ったりするなど，科学的に探究しようとしている。

(6) 化学変化とイオン

知識・技能	思考・判断・表現	主体的に学習に取り組む態度
化学変化をイオンのモデルと関連付けながら，水溶液とイオン，化学変化と電池を理解しているとともに，それらの観察，実験などに関する技能を身に付けている。	化学変化について，見通しをもって観察，実験などを行い，イオンと関連付けてその結果を分析して解釈し，化学変化における規則性や関係性を見いだして表現している。また，探究の過程を振り返っている。	化学変化とイオンに関する事物・現象に進んで関わり，見通しをもったり振り返ったりするなど，科学的に探究しようとしている。

(7) 科学技術と人間

知識・技能	思考・判断・表現	主体的に学習に取り組む態度
日常生活や社会と関連付けながら，エネルギーと物資，自然環境の保全と科学技術の利用を理解しているとともに，それらの観察，実験などに関する技能を身に付けている。	日常生活や社会で使われているエネルギーや物質について，見通しをもって観察，実験などを行い，その結果を分析して解釈するとともに，自然環境の保全と科学技術の利用の在り方について，科学的に考察して判断している。	科学技術と人間に関する事物・現象に進んで関わり，見通しをもったり振り返ったりするなど，科学的に探究しようとしている。

第2分野

1　第2分野の目標と評価の観点及びその趣旨

　生命や地球に関する事物・現象を科学的に探究するために必要な資質・能力を次のとおり育成することを目指す。

	（1）	（2）	（3）
目標	生命や地球に関する事物・現象についての観察，実験などを行い，生物の体のつくりと働き，生命の連続性，大地の成り立ちと変化，気象とその変化，地球と宇宙などについて理解するとともに，科学的に探究するために必要な観察，実験などに関する基本的な技能を身に付けるようにする。	生命や地球に関する事物・現象に関わり，それらの中に問題を見いだし見通しをもって観察，実験などを行い，その結果を分析して解釈し表現するなど，科学的に探究する活動を通して，多様性に気付くとともに規則性を見いだしたり課題を解決したりする力を養う。	生命や地球に関する事物・現象に進んで関わり，科学的に探究しようとする態度と，生命を尊重し，自然環境の保全に寄与する態度を養うとともに，自然を総合的に見ることができるようにする。

（中学校学習指導要領 P.87，88）

観点	知識・技能	思考・判断・表現	主体的に学習に取り組む態度
趣旨	生命や地球に関する事物・現象についての基本的な概念や原理・法則などを理解しているとともに，科学的に探究するために必要な観察，実験などに関する基本操作や記録などの基本的な技能を身に付けている。	生命や地球に関する事物・現象から問題を見いだし，見通しをもって観察，実験などを行い，得られた結果を分析して解釈し，表現するなど，科学的に探究している。	生命や地球に関する事物・現象に進んで関わり，見通しをもったり振り返ったりするなど，科学的に探究しようとしている。

（改善等通知　別紙4　P.12）

2　内容のまとまりごとの評価規準（例）

（1）いろいろな生物とその共通点

知識・技能	思考・判断・表現	主体的に学習に取り組む態度
いろいろな生物の共通点と相違点に着目しながら，生物の観察と分類の仕方，生物の体の共通点と相違点を理解しているとともに，それらの観察，実験などに関する技能を身に付けている。	身近な生物についての観察，実験などを通して，いろいろな生物の共通点や相違点を見いだすとともに，生物を分類するための観点や基準を見いだして表現している。	いろいろな生物とその共通点に関する事物・現象に進んで関わり，見通しをもったり振り返ったりするなど，科学的に探究しようとしている。

(2) 大地の成り立ちと変化

知識・技能	思考・判断・表現	主体的に学習に取り組む態度
大地の成り立ちと変化を地表に見られる様々な事物・現象と関連付けながら，身近な地形や地層，岩石の観察，地層の重なりと過去の様子，火山と地震，自然の恵みと火山災害・地震災害を理解しているとともに，それらの観察，実験などに関する技能を身に付けている。	大地の成り立ちと変化について，問題を見いだし見通しをもって観察，実験などを行い，地層の重なり方や広がり方の規則性，地下のマグマの性質と火山の形との関係性などを見いだして表現している。	大地の成り立ちと変化に関する事物・現象に進んで関わり，見通しをもったり振り返ったりするなど，科学的に探究しようとしている。

(3) 生物の体のつくりと働き

知識・技能	思考・判断・表現	主体的に学習に取り組む態度
生物の体のつくりと働きとの関係に着目しながら，生物と細胞，植物の体のつくりと働き，動物の体のつくりと働きを理解しているとともに，それらの観察，実験などに関する技能を身に付けている。	身近な植物や動物の体のつくりと働きについて，見通しをもって解決する方法を立案して観察，実験などを行い，その結果を分析して解釈し，生物の体のつくりと働きについての規則性や関係性を見いだして表現している。	生物の体のつくりと働きに関する事物・現象に進んで関わり，見通しをもったり振り返ったりするなど，科学的に探究しようとしている。

(4) 気象とその変化

知識・技能	思考・判断・表現	主体的に学習に取り組む態度
気象要素と天気の変化との関係に着目しながら，気象観測，天気の変化，日本の気象，自然の恵みと気象災害を理解しているとともに，それらの観察，実験などに関する技能を身に付けている。	気象とその変化について，見通しをもって解決する方法を立案して観察，実験などを行い，その結果を分析して解釈し，天気の変化や日本の気象についての規則性や関係性を見いだして表現している。	気象とその変化に関する事物・現象に進んで関わり，見通しをもったり振り返ったりするなど，科学的に探究しようとしている。

(5) 生命の連続性

知識・技能	思考・判断・表現	主体的に学習に取り組む態度
生命の連続性に関する事物・現象の特徴に着目しながら，生物の成長と殖え方，遺伝の規則性	生命の連続性について，観察，実験などを行い，その結果や資料を分析して解釈し，生物の成長	生命の連続性に関する事物・現象に進んで関わり，見通しをもったり振り返ったりするなど，

巻末
資料

知識・技能	思考・判断・表現	主体的に学習に取り組む態度
と遺伝子，生物の種類の多様性と進化を理解しているとともに，それらの観察，実験などに関する技能を身に付けている。	と殖え方，遺伝現象，生物の種類の多様性と進化についての特徴や規則性を見いだして表現している。また，探究の過程を振り返っている。	科学的に探究しようとしている。

(6) 地球と宇宙

知識・技能	思考・判断・表現	主体的に学習に取り組む態度
身近な天体とその運動に関する特徴に着目しながら，天体の動きと地球の自転・公転，太陽系と恒星を理解しているとともに，それらの観察，実験などに関する技能を身に付けている。	地球と宇宙について，天体の観察，実験などを行い，その結果や資料を分析して解釈し，天体の運動と見え方についての特徴や規則性を見いだして表現している。また，探究の過程を振り返っている。	地球と宇宙に関する事物・現象に進んで関わり，見通しをもったり振り返ったりするなど，科学的に探究しようとしている。

(7) 自然と人間

知識・技能	思考・判断・表現	主体的に学習に取り組む態度
日常生活や社会と関連付けながら，生物と環境，自然環境の保全と科学技術の利用を理解するとともに，自然環境を調べる観察，実験などに関する技能を身に付けている。	身近な自然環境や地域の自然災害などを調べる観察，実験などを行い，自然環境の保全と科学技術の利用の在り方について，科学的に考察して判断している。	自然と人間に関する事物・現象に進んで関わり，見通しをもったり振り返ったりするなど，科学的に探究しようとしている。

中学校理科における「中項目ごとの評価規準（例）」

第1分野
（1）身近な物理現象
（1）ア（ア）光と音　の評価規準の例

知識・技能	思考・判断・表現	主体的に学習に取り組む態度
光と音に関する事物・現象を日常生活や社会と関連付けながら，光の反射や屈折，凸レンズの働き，音の性質についての基本的な概念や原理・法則などを理解しているとともに，科学的に探究するために必要な観察，実験などに関する基本操作や記録などの基本的な技能を身に付けている。	光と音について，問題を見いだし見通しをもって観察，実験などを行い，光の反射や屈折，凸レンズの働き，音の性質の規則性や関係性を見いだして表現しているなど，科学的に探究している。	光と音に関する事物・現象に進んで関わり，見通しをもったり振り返ったりするなど，科学的に探究しようとしている。

（1）ア（イ）力の働き　の評価規準の例

知識・技能	思考・判断・表現	主体的に学習に取り組む態度
力の働きに関する事物・現象を日常生活や社会と関連付けながら，力の働きについての基本的な概念や原理・法則などを理解しているとともに，科学的に探究するために必要な観察，実験などに関する基本操作や記録などの基本的な技能を身に付けている。	力の働きについて，問題を見いだし見通しをもって観察，実験などを行い，力の働きの規則性や関係性を見いだして表現しているなど，科学的に探究している。	力の働きに関する事物・現象に進んで関わり，見通しをもったり振り返ったりするなど，科学的に探究しようとしている。

（2）身の回りの物質
（2）ア（ア）物質のすがた　の評価規準の例

知識・技能	思考・判断・表現	主体的に学習に取り組む態度
身の回りの物質の性質や変化に着目しながら，身の回りの物質とその性質，気体の発生と性質についての基本的な概念や原理・法則などを理解しているとともに，科学的に探究するために必要な観察，実験などに関する基本操作や記録などの基本的な技能を身に付けている。	物質のすがたについて，問題を見いだし見通しをもって観察，実験などを行い，物質の性質や状態変化における規則性を見いだして表現しているなど，科学的に探究している。	物質のすがたに関する事物・現象に進んで関わり，見通しをもったり振り返ったりするなど，科学的に探究しようとしている。

(2)ア(イ) 水溶液 の評価規準の例

知識・技能	思考・判断・表現	主体的に学習に取り組む態度
身の回りの物質の性質や変化に着目しながら,水溶液についての基本的な概念や原理・法則などを理解しているとともに,科学的に探究するために必要な観察,実験などに関する基本操作や記録などの基本的な技能を身に付けている。	水溶液について,問題を見いだし見通しをもって観察,実験などを行い,物質の性質や状態変化における規則性を見いだして表現しているなど,科学的に探究している。	水溶液に関する事物・現象に進んで関わり,見通しをもったり振り返ったりするなど,科学的に探究しようとしている。

(2)ア(ウ) 状態変化 の評価規準の例

知識・技能	思考・判断・表現	主体的に学習に取り組む態度
身の回りの物質の性質や変化に着目しながら,状態変化と熱,物質の融点と沸点についての基本的な概念や原理・法則などを理解しているとともに,科学的に探究するために必要な観察,実験などに関する基本操作や記録などの基本的な技能を身に付けている。	状態変化について,問題を見いだし見通しをもって観察,実験などを行い,物質の性質や状態変化における規則性を見いだして表現しているなど,科学的に探究している。	状態変化に関する事物・現象に進んで関わり,見通しをもったり振り返ったりするなど,科学的に探究しようとしている。

(3) 電流とその利用

(3)ア(ア) 電流 の評価規準の例

知識・技能	思考・判断・表現	主体的に学習に取り組む態度
電流に関する事物・現象を日常生活や社会と関連付けながら,回路と電流・電圧,電流・電圧と抵抗,電気とそのエネルギー,静電気と電流についての基本的な概念や原理・法則などを理解しているとともに,科学的に探究するために必要な観察,実験などに関する基本操作や記録などの基本的な技能を身に付けている。	電流に関する現象について,見通しをもって解決する方法を立案して観察,実験などを行い,その結果を分析して解釈し,電流と電圧,電流の働き,静電気の規則性や関係性を見いだして表現しているなど,科学的に探究している。	電流に関する事物・現象に進んで関わり,見通しをもったり振り返ったりするなど,科学的に探究しようとしている。

(3)ア(イ) 電流と磁界 の評価規準の例

知識・技能	思考・判断・表現	主体的に学習に取り組む態度
電流と磁界に関する事物・現象を日常生活や社会と関連付けながら，電流がつくる磁界，磁界中の電流が受ける力，電磁誘導と発電についての基本的な概念や原理・法則などを理解しているとともに，科学的に探究するために必要な観察，実験などに関する基本操作や記録などの基本的な技能を身に付けている。	電流と磁界に関する現象について，見通しをもって解決する方法を立案して観察，実験などを行い，その結果を分析して解釈し，電流と磁界の規則性や関係性を見いだして表現しているなど，科学的に探究している。	電流と磁界に関する事物・現象に進んで関わり，見通しをもったり振り返ったりするなど，科学的に探究しようとしている。

(4) 化学変化と原子・分子

(4)ア(ア) 物質の成り立ち の評価規準の例

知識・技能	思考・判断・表現	主体的に学習に取り組む態度
化学変化を原子や分子のモデルと関連付けながら，物質の分解，原子・分子についての基本的な概念や原理・法則などを理解しているとともに，科学的に探究するために必要な観察，実験などに関する基本操作や記録などの基本的な技能を身に付けている。	物質の成り立ちについて，見通しをもって解決する方法を立案して観察，実験などを行い，原子や分子と関連付けてその結果を分析して解釈し，化学変化における物質の変化を見いだして表現しているなど，科学的に探究している。	物質の成り立ちに関する事物・現象に進んで関わり，見通しをもったり振り返ったりするなど，科学的に探究しようとしている。

(4)ア(イ) 化学変化 の評価規準の例

知識・技能	思考・判断・表現	主体的に学習に取り組む態度
化学変化を原子や分子のモデルと関連付けながら，化学変化，化学変化における酸化と還元，化学変化と熱についての基本的な概念や原理・法則などを理解しているとともに，科学的に探究するために必要な観察，実験などに関する基本操作や記録などの基本的な技能を身に付けている。	化学変化について，見通しをもって解決する方法を立案して観察，実験などを行い，原子や分子と関連付けてその結果を分析して解釈し，化学変化における物質の変化を見いだして表現しているなど，科学的に探究している。	化学変化に関する事物・現象に進んで関わり，見通しをもったり振り返ったりするなど，科学的に探究しようとしている。

巻末資料

(4) ア (ウ)　化学変化と物質の質量　の評価規準の例

知識・技能	思考・判断・表現	主体的に学習に取り組む態度
化学変化を原子や分子のモデルと関連付けながら，化学変化と質量の保存，質量変化の規則性についての基本的な概念や原理・法則などを理解しているとともに，科学的に探究するために必要な観察，実験などに関する基本操作や記録などの基本的な技能を身に付けている。	化学変化と物質の質量について，見通しをもって解決する方法を立案して観察，実験などを行い，原子や分子と関連付けてその結果を分析して解釈し，化学変化における物質の変化やその量的な関係を見いだして表現しているなど，科学的に探究している。	化学変化と物質の質量に関する事物・現象に進んで関わり，見通しをもったり振り返ったりするなど，科学的に探究しようとしている。

(5)　運動とエネルギー

(5) ア (ア)　力のつり合いと合成・分解　の評価規準の例

知識・技能	思考・判断・表現	主体的に学習に取り組む態度
力のつり合いと合成・分解を日常生活や社会と関連付けながら，水中の物体に働く力，力の合成・分解についての基本的な概念や原理・法則などを理解しているとともに，科学的に探究するために必要な観察，実験などに関する基本操作や記録などの基本的な技能を身に付けている。	力のつり合いと合成・分解について，見通しをもって観察，実験などを行い，その結果を分析して解釈し，力のつり合い，合成や分解の規則性や関係性を見いだして表現しているとともに，探究の過程を振り返るなど，科学的に探究している。	力のつり合いと合成・分解に関する事物・現象に進んで関わり，見通しをもったり振り返ったりするなど，科学的に探究しようとしている。

(5) ア (イ)　運動の規則性　の評価規準の例

知識・技能	思考・判断・表現	主体的に学習に取り組む態度
運動の規則性を日常生活や社会と関連付けながら，運動の速さと向き，力と運動についての基本的な概念や原理・法則などを理解しているとともに，科学的に探究するために必要な観察，実験などに関する基本操作や記録などの基本的な技能を身に付けている。	運動の規則性について，見通しをもって観察，実験などを行い，その結果を分析して解釈し，物体の運動の規則性や関係性を見いだして表現しているとともに，探究の過程を振り返るなど，科学的に探究している。	運動の規則性に関する事物・現象に進んで関わり，見通しをもったり振り返ったりするなど，科学的に探究しようとしている。

(5) ア (ウ) 力学的エネルギー の評価規準の例

知識・技能	思考・判断・表現	主体的に学習に取り組む態度
力学的エネルギーを日常生活や社会と関連付けながら，仕事とエネルギー，力学的エネルギーの保存についての基本的な概念や原理・法則などを理解しているとともに，科学的に探究するために必要な観察，実験などに関する基本操作や記録などの基本的な技能を身に付けている。	力学的エネルギーについて，見通しをもって観察，実験などを行い，その結果を分析して解釈し，力学的エネルギーの規則性や関係性を見いだして表現しているとともに，探究の過程を振り返るなど，科学的に探究している。	力学的エネルギーに関する事物・現象に進んで関わり，見通しをもったり振り返ったりするなど，科学的に探究しようとしている。

(6) 化学変化とイオン

(6) ア (ア) 水溶液とイオン の評価規準の例

知識・技能	思考・判断・表現	主体的に学習に取り組む態度
化学変化をイオンのモデルと関連付けながら，原子の成り立ちとイオン，酸・アルカリ，中和と塩についての基本的な概念や原理・法則などを理解しているとともに，科学的に探究するために必要な観察，実験などに関する基本操作や記録などの基本的な技能を身に付けている。	水溶液とイオンについて，見通しをもって観察，実験などを行い，イオンと関連付けてその結果を分析して解釈し，化学変化における規則性や関係性を見いだして表現しているとともに，探究の過程を振り返るなど，科学的に探究している。	水溶液とイオンに関する事物・現象に進んで関わり，見通しをもったり振り返ったりするなど，科学的に探究しようとしている。

(6) ア (イ) 化学変化と電池 の評価規準の例

知識・技能	思考・判断・表現	主体的に学習に取り組む態度
化学変化をイオンのモデルと関連付けながら，金属イオン，化学変化と電池についての基本的な概念や原理・法則などを理解しているとともに，科学的に探究するために必要な観察，実験などに関する基本操作や記録などの基本的な技能を身に付けている。	化学変化と電池について，見通しをもって観察，実験などを行い，イオンと関連付けてその結果を分析して解釈し，化学変化における規則性や関係性を見いだして表現しているとともに，探究の過程を振り返るなど，科学的に探究している。	化学変化と電池に関する事物・現象に進んで関わり，見通しをもったり振り返ったりするなど，科学的に探究しようとしている。

巻末
資料

（7）科学技術と人間

（7）ア（ア）エネルギーと物質　の評価規準の例

知識・技能	思考・判断・表現	主体的に学習に取り組む態度
日常生活や社会と関連付けながら，エネルギーとエネルギー資源，様々な物質とその利用，科学技術の発展についての基本的な概念や原理・法則などを理解しているとともに，科学的に探究するために必要な観察，実験などに関する基本操作や記録などの基本的な技能を身に付けている。	日常生活や社会で使われているエネルギーや物質について，見通しをもって観察，実験などを行い，その結果を分析して解釈しているなど，科学的に探究している。	エネルギーと物質に関する事物・現象に進んで関わり，見通しをもったり振り返ったりするなど，科学的に探究しようとしている。

（7）ア（イ）自然環境の保全と科学技術の利用　の評価規準の例

知識・技能	思考・判断・表現	主体的に学習に取り組む態度
日常生活や社会と関連付けながら，自然環境の保全と科学技術の利用についての基本的な概念や原理・法則などを理解しているとともに，科学的に探究するために必要な観察，実験などに関する基本操作や記録などの基本的な技能を身に付けている。	自然環境の保全と科学技術の利用について，観察，実験などを行い，自然環境の保全と科学技術の利用の在り方について，科学的に考察して判断しているなど，科学的に探究している。	自然環境の保全と科学技術の利用に関する事物・現象に進んで関わり，見通しをもったり振り返ったりするなど，科学的に探究しようとしている。

第２分野

(1) いろいろな生物とその共通点

(1)ア(ア) 生物の観察と分類の仕方　の評価規準の例

知識・技能	思考・判断・表現	主体的に学習に取り組む態度
いろいろな生物の共通点と相違点に着目しながら，生物の観察，生物の特徴と分類の仕方についての基本的な概念や原理・法則などを理解しているとともに，科学的に探究するために必要な観察，実験などに関する基本操作や記録などの基本的な技能を身に付けている。	生物の観察と分類の仕方についての観察，実験などを通して，いろいろな生物の共通点や相違点を見いだすとともに，生物を分類するための観点や基準を見いだして表現しているなど，科学的に探究している。	生物の観察と分類の仕方に関する事物・現象に進んで関わり，見通しをもったり振り返ったりするなど，科学的に探究しようとしている。

(1)ア(イ) 生物の体の共通点と相違点　の評価規準の例

知識・技能	思考・判断・表現	主体的に学習に取り組む態度
いろいろな生物の共通点と相違点に着目しながら，植物の体の共通点と相違点，動物の体の共通点と相違点についての基本的な概念や原理・法則などを理解しているとともに，科学的に探究するために必要な観察，実験などに関する基本操作や記録などの基本的な技能を身に付けている。	生物の体の共通点と相違点についての観察，実験などを通して，いろいろな生物の共通点や相違点を見いだすとともに，生物を分類するための観点や基準を見いだして表現しているなど，科学的に探究している。	生物の体の共通点と相違点に関する事物・現象に進んで関わり，見通しをもったり振り返ったりするなど，科学的に探究しようとしている。

(2) 大地の成り立ちと変化

(2)ア(ア) 身近な地形や地層，岩石の観察　の評価規準の例

知識・技能	思考・判断・表現	主体的に学習に取り組む態度
大地の成り立ちと変化を地表に見られる様々な事物・現象と関連付けながら，身近な地形や地層，岩石の観察についての基本的な概念や原理・法則などを理解しているとともに，科学的に探究するために必要な観察，実験などに関する基本操作や記録などの基本的な技能を身に付けている。	身近な地形や地層，岩石の観察について，問題を見いだし見通しをもって観察，実験などを行い，地層の重なり方や広がり方の規則性などを見いだして表現しているなど，科学的に探究している。	身近な地形や地層，岩石の観察に関する事物・現象に進んで関わり，見通しをもったり振り返ったりするなど，科学的に探究しようとしている。

巻末資料

(2)ア(イ) 地層の重なりと過去の様子　の評価規準の例

知識・技能	思考・判断・表現	主体的に学習に取り組む態度
大地の成り立ちと変化を地表に見られる様々な事物・現象と関連付けながら，地層の重なりと過去の様子についての基本的な概念や原理・法則などを理解しているとともに，科学的に探究するために必要な観察，実験などに関する基本操作や記録などの基本的な技能を身に付けている。	地層の重なりと過去の様子について，問題を見いだし見通しをもって観察，実験などを行い，地層の重なり方や広がり方の規則性などを見いだして表現しているなど，科学的に探究している。	地層の重なりと過去の様子に関する事物・現象に進んで関わり，見通しをもったり振り返ったりするなど，科学的に探究しようとしている。

(2)ア(ウ)　火山と地震　の評価規準の例

知識・技能	思考・判断・表現	主体的に学習に取り組む態度
大地の成り立ちと変化を地表に見られる様々な事物・現象と関連付けながら，火山活動と火成岩，地震の伝わり方と地球内部の働きについての基本的な概念や原理・法則などを理解しているとともに，科学的に探究するために必要な観察，実験などに関する基本操作や記録などの基本的な技能を身に付けている。	火山と地震について，問題を見いだし見通しをもって観察，実験などを行い，地下のマグマの性質と火山の形との関係性などを見いだして表現しているなど，科学的に探究している。	火山と地震に関する事物・現象に進んで関わり，見通しをもったり振り返ったりするなど，科学的に探究しようとしている。

(2)ア(エ)　自然の恵みと火山災害・地震災害　の評価規準の例

知識・技能	思考・判断・表現	主体的に学習に取り組む態度
大地の成り立ちと変化を地表に見られる様々な事物・現象と関連付けながら，自然の恵みと火山災害・地震災害についての基本的な概念や原理・法則などを理解しているとともに，科学的に探究するために必要な観察，実験などに関する基本操作や記録などの基本的な技能を身に付けている。	自然の恵みと火山災害・地震災害について，問題を見いだし見通しをもって観察，実験などを行い，火山活動や地震発生の仕組みとの関係性などを見いだして表現しているなど，科学的に探究している。	自然の恵みと火山災害・地震災害に関する事物・現象に進んで関わり，見通しをもったり振り返ったりするなど，科学的に探究しようとしている。

巻末
資料

(3) 生物の体のつくりと働き

(3)ア(ア) 生物と細胞 の評価規準の例

知識・技能	思考・判断・表現	主体的に学習に取り組む態度
生物の体のつくりと働きとの関係に着目しながら,生物と細胞についての基本的な概念や原理・法則などを理解しているとともに,科学的に探究するために必要な観察,実験などに関する基本操作や記録などの基本的な技能を身に付けている。	生物と細胞について,見通しをもって解決する方法を立案して観察,実験などを行い,その結果を分析して解釈し,生物の体のつくりと働きについての規則性や関係性を見いだして表現しているなど,科学的に探究している。	生物と細胞に関する事物・現象に進んで関わり,見通しをもったり振り返ったりするなど,科学的に探究しようとしている。

(3)ア(イ) 植物の体のつくりと働き の評価規準の例

知識・技能	思考・判断・表現	主体的に学習に取り組む態度
植物の体のつくりと働きとの関係に着目しながら,葉・茎・根のつくりと働きについての基本的な概念や原理・法則などを理解しているとともに,科学的に探究するために必要な観察,実験などに関する基本操作や記録などの基本的な技能を身に付けている。	植物の体のつくりと働きについて,見通しをもって解決する方法を立案して観察,実験などを行い,その結果を分析して解釈し,植物の体のつくりと働きについての規則性や関係性を見いだして表現しているなど,科学的に探究している。	植物の体のつくりと働きに関する事物・現象に進んで関わり,見通しをもったり振り返ったりするなど,科学的に探究しようとしている。

(3)ア(ウ) 動物の体のつくりと働き の評価規準の例

知識・技能	思考・判断・表現	主体的に学習に取り組む態度
動物の体のつくりと働きとの関係に着目しながら,生命を維持する働き,刺激と反応についての基本的な概念や原理・法則などを理解しているとともに,科学的に探究するために必要な観察,実験などに関する基本操作や記録などの基本的な技能を身に付けている。	動物の体のつくりと働きについて,見通しをもって解決する方法を立案して観察,実験などを行い,その結果を分析して解釈し,動物の体のつくりと働きについての規則性や関係性を見いだして表現しているなど,科学的に探究している。	動物の体のつくりと働きに関する事物・現象に進んで関わり,見通しをもったり振り返ったりするなど,科学的に探究しようとしている。

巻末
資料

（4）気象とその変化

（4)ア(ｱ)　気象観測　の評価規準の例

知識・技能	思考・判断・表現	主体的に学習に取り組む態度
気象要素と天気の変化との関係に着目しながら，気象要素，気象観測についての基本的な概念や原理・法則などを理解しているとともに，科学的に探究するために必要な観察，実験などに関する基本操作や記録などの基本的な技能を身に付けている。	気象観測について，見通しをもって解決する方法を立案して観察，実験などを行い，その結果を分析して解釈し，天気の変化についての規則性や関係性を見いだして表現しているなど，科学的に探究している。	気象観測に関する事物・現象に進んで関わり，見通しをもったり振り返ったりするなど，科学的に探究しようとしている。

（4)ア(ｲ)　天気の変化　の評価規準の例

知識・技能	思考・判断・表現	主体的に学習に取り組む態度
気象要素と天気の変化との関係に着目しながら，霧や雲の発生，前線の通過と天気の変化についての基本的な概念や原理・法則などを理解しているとともに，科学的に探究するために必要な観察，実験などに関する基本操作や記録などの基本的な技能を身に付けている。	天気の変化について，見通しをもって解決する方法を立案して観察，実験などを行い，その結果を分析して解釈し，天気の変化についての規則性や関係性を見いだして表現しているなど，科学的に探究している。	天気の変化に関する事物・現象に進んで関わり，見通しをもったり振り返ったりするなど，科学的に探究しようとしている。

（4)ア(ｳ)　日本の気象　の評価規準の例

知識・技能	思考・判断・表現	主体的に学習に取り組む態度
気象要素と天気の変化との関係に着目しながら，日本の天気の特徴，大気の動きと海洋の影響についての基本的な概念や原理・法則などを理解しているとともに，科学的に探究するために必要な観察，実験などに関する基本操作や記録などの基本的な技能を身に付けている。	日本の気象について，見通しをもって解決する方法を立案して観察，実験などを行い，その結果を分析して解釈し，日本の気象についての規則性や関係性を見いだして表現しているなど，科学的に探究している。	日本の気象に関する事物・現象に進んで関わり，見通しをもったり振り返ったりするなど，科学的に探究しようとしている。

巻末
資料

(4) ア(エ) 自然の恵みと気象災害 の評価規準の例

知識・技能	思考・判断・表現	主体的に学習に取り組む態度
気象要素と天気の変化との関係に着目しながら，自然の恵みと気象災害についての基本的な概念や原理・法則などを理解しているとともに，科学的に探究するために必要な観察，実験などに関する基本操作や記録などの基本的な技能を身に付けている。	自然の恵みと気象災害について，見通しをもって解決する方法を立案して観察，実験などを行い，その結果を分析して解釈し，天気の変化や日本の気象との関係性を見いだして表現しているなど，科学的に探究している。	自然の恵みと気象災害に関する事物・現象に進んで関わり，見通しをもったり振り返ったりするなど，科学的に探究しようとしている。

(5) 生命の連続性

(5) ア(ア) 生物の成長と殖え方 の評価規準の例

知識・技能	思考・判断・表現	主体的に学習に取り組む態度
生物の成長と殖え方に関する事物・現象の特徴に着目しながら，細胞分裂と生物の成長，生物の殖え方についての基本的な概念や原理・法則などを理解しているとともに，科学的に探究するために必要な観察，実験などに関する基本操作や記録などの基本的な技能を身に付けている。	生物の成長と殖え方について，観察，実験などを行い，その結果や資料を分析して解釈し，生物の成長と殖え方についての特徴や規則性を見いだして表現しているとともに，探究の過程を振り返るなど，科学的に探究している。	生物の成長と殖え方に関する事物・現象に進んで関わり，見通しをもったり振り返ったりするなど，科学的に探究しようとしている。

(5) ア(イ) 遺伝の規則性と遺伝子 の評価規準の例

知識・技能	思考・判断・表現	主体的に学習に取り組む態度
遺伝の規則性と遺伝子に関する事物・現象の特徴に着目しながら，遺伝の規則性と遺伝子についての基本的な概念や原理・法則などを理解しているとともに，科学的に探究するために必要な観察，実験などに関する基本操作や記録などの基本的な技能を身に付けている。	遺伝の規則性と遺伝子について，観察，実験などを行い，その結果や資料を分析して解釈し，遺伝現象についての特徴や規則性を見いだして表現しているとともに，探究の過程を振り返るなど，科学的に探究している。	遺伝の規則性と遺伝子に関する事物・現象に進んで関わり，見通しをもったり振り返ったりするなど，科学的に探究しようとしている。

巻末
資料

(5)ア(ウ) 生物の種類の多様性と進化 の評価規準の例

知識・技能	思考・判断・表現	主体的に学習に取り組む態度
生物の種類の多様性と進化に関する事物・現象の特徴に着目しながら,生物の種類の多様性と進化についての基本的な概念や原理・法則などを理解しているとともに,科学的に探究するために必要な観察,実験などに関する基本操作や記録などの基本的な技能を身に付けている。	生物の種類の多様性と進化について,観察,実験などを行い,その結果や資料を分析して解釈し,生物の種類の多様性と進化についての特徴や規則性を見いだして表現しているとともに,探究の過程を振り返るなど,科学的に探究している。	生物の種類の多様性と進化に関する事物・現象に進んで関わり,見通しをもったり振り返ったりするなど,科学的に探究しようとしている。

(6) 地球と宇宙

(6)ア(ア) 天体の動きと地球の自転・公転 の評価規準の例

知識・技能	思考・判断・表現	主体的に学習に取り組む態度
身近な天体とその運動に関する特徴に着目しながら,日周運動と自転,年周運動と公転についての基本的な概念や原理・法則などを理解しているとともに,科学的に探究するために必要な観察,実験などに関する基本操作や記録などの基本的な技能を身に付けている。	天体の動きと地球の自転・公転について,天体の観察,実験などを行い,その結果や資料を分析して解釈し,天体の動きと地球の自転・公転についての特徴や規則性を見いだして表現しているとともに,探究の過程を振り返るなど,科学的に探究している。	天体の動きと地球の自転・公転に関する事物・現象に進んで関わり,見通しをもったり振り返ったりするなど,科学的に探究しようとしている。

(6)ア(イ) 太陽系と恒星 の評価規準の例

知識・技能	思考・判断・表現	主体的に学習に取り組む態度
身近な天体とその運動に関する特徴に着目しながら,太陽の様子,惑星と恒星,月や金星の運動と見え方についての基本的な概念や原理・法則などを理解しているとともに,科学的に探究するために必要な観察,実験などに関する基本操作や記録などの基本的な技能を身に付けている。	太陽系と恒星について,天体の観察,実験などを行い,その結果や資料を分析して解釈し,太陽系と恒星についての特徴や規則性を見いだして表現しているとともに,探究の過程を振り返るなど,科学的に探究している。	太陽系と恒星に関する事物・現象に進んで関わり,見通しをもったり振り返ったりするなど,科学的に探究しようとしている。

(7) 自然と人間

(7)ア(ア) 生物と環境　の評価規準の例

知識・技能	思考・判断・表現	主体的に学習に取り組む態度
日常生活や社会と関連付けながら，自然界のつり合い，自然環境の調査と環境保全，地域の自然災害についての基本的な概念や原理・法則などを理解しているとともに，科学的に探究するために必要な観察，実験などに関する基本操作や記録などの基本的な技能を身に付けている。	生物と環境について，身近な自然環境や地域の自然災害などを調べる観察，実験などを行い，科学的に考察して判断しているなど，科学的に探究している。	生物と環境に関する事物・現象に進んで関わり，見通しをもったり振り返ったりするなど，科学的に探究しようとしている。

(7)ア(イ) 自然環境の保全と科学技術の利用　の評価規準の例

知識・技能	思考・判断・表現	主体的に学習に取り組む態度
日常生活や社会と関連付けながら，自然環境の保全と科学技術の利用についての基本的な概念や原理・法則などを理解しているとともに，科学的に探究するために必要な観察，実験などに関する基本操作や記録などの基本的な技能を身に付けている。	自然環境の保全と科学技術の利用について，観察，実験などを行い，自然環境の保全と科学技術の利用の在り方について，科学的に考察して判断しているなど，科学的に探究している。	自然環境の保全と科学技術の利用に関する事物・現象に進んで関わり，見通しをもったり振り返ったりするなど，科学的に探究しようとしている。

巻末
資料

評価規準，評価方法等の工夫改善に関する調査研究について

平成 31 年 2 月 4 日　国立教育政策研究所長裁定
平成 31 年 4 月 12 日　一　　部　　改　　正

1　趣　旨

　　学習評価については，中央教育審議会初等中等教育分科会教育課程部会において「児童
生徒の学習評価の在り方について」（平成 31 年 1 月 21 日）の報告がまとめられ，新しい
学習指導要領に対応した，各教科等の評価の観点及び評価の観点に関する考え方が示され
たところである。

　　これを踏まえ，各小学校，中学校及び高等学校における児童生徒の学習の効果的，効率
的な評価に資するため，教科等ごとに，評価規準，評価方法等の工夫改善に関する調査研
究を行う。

2　調査研究事項
（1）評価規準及び当該規準を用いた評価方法に関する参考資料の作成
（2）学校における学習評価に関する取組についての情報収集
（3）上記（1）及び（2）に関連する事項

3　実施方法

　　調査研究に当たっては，教科等ごとに教育委員会関係者，教師及び学識経験者等を協力
者として委嘱し，2 の事項について調査研究を行う。

4　庶　務

　　この調査研究にかかる庶務は，教育課程研究センターにおいて処理する。

5　実施期間

　　平成 31 年 4 月 19 日～令和 2 年 3 月 31 日

巻末
資料

評価規準，評価方法等の工夫改善に関する調査研究協力者（五十音順）

（職名は平成 31 年 4 月現在）

清原　洋一	秀明大学教授
澤田　隆文	米原市立伊吹山中学校教頭
髙田　太樹	東京学芸大学附属世田谷中学校教諭
髙橋　博代	千葉市立緑が丘中学校教諭
坪田　智行	岡山大学教育学部附属中学校教諭
前川　哲也	お茶の水女子大学附属中学校教諭
宮内　卓也	東京学芸大学准教授
宮川　　明	富士市立吉原第一中学校教諭
和田亜矢子	筑波大学附属中学校教諭

国立教育政策研究所においては，次の関係官が担当した。

藤枝　秀樹	国立教育政策研究所教育課程研究センター研究開発部教育課程調査官
野内　頼一	国立教育政策研究所教育課程研究センター研究開発部教育課程調査官
遠山　一郎	国立教育政策研究所教育課程研究センター研究開発部教育課程調査官
三次　徳二	国立教育政策研究所教育課程研究センター研究開発部教育課程調査官
小倉　恭彦	国立教育政策研究所教育課程研究センター研究開発部学力調査官
後藤　文博	国立教育政策研究所教育課程研究センター研究開発部学力調査官

この他，本書編集の全般にわたり，国立教育政策研究所において以下の者が担当した。

笹井　弘之	国立教育政策研究所教育課程研究センター長
清水　正樹	国立教育政策研究所教育課程研究センター研究開発部副部長
髙井　　修	国立教育政策研究所教育課程研究センター研究開発部研究開発課長
高橋　友之	国立教育政策研究所教育課程研究センター研究開発部研究開発課指導係長
奥田　正幸	国立教育政策研究所教育課程研究センター研究開発部研究開発課指導係専門職
森　　孝博	国立教育政策研究所教育課程研究センター研究開発部教育課程調査官

巻末資料

学習指導要領等関係資料について

　学習指導要領等の関係資料は以下のとおりです。いずれも，文部科学省や国立教育政策研究所のウェブサイトから閲覧が可能です。スマートフォンなどで閲覧する際は，以下の二次元コードを読み取って，資料に直接アクセスする事が可能です。本書と合わせて是非ご覧ください。

① 学習指導要領、学習指導要領解説　等
② 中央教育審議会答申「幼稚園、小学校、中学校、高等学校及び特別支援学校の学習指導要領等の改善及び必要な方策等について」(平成28年12月21日)
③ 中央教育審議会初等中等教育分科会教育課程部会報告「児童生徒の学習評価の在り方について」(平成31年1月21日)
④ 小学校, 中学校, 高等学校及び特別支援学校等における児童生徒の学習評価及び指導要録の改善等について(平成31年3月29日30文科初第1845号初等中等教育局長通知)
　　　　　　　　　　　　※各教科等の評価の観点等及びその趣旨や指導要録(参考様式)は, 同通知に掲載.
⑤ 学習評価の在り方ハンドブック(小・中学校編)(令和元年6月)
⑥ 学習評価の在り方ハンドブック(高等学校編)(令和元年6月)
⑦ 平成29年改訂の小・中学校学習指導要領に関するQ&A
⑧ 平成30年改訂の高等学校学習指導要領に関するQ&A
⑨ 平成29・30年改訂の学習指導要領下における学習評価に関するQ&A

①　②　③
④　⑤　⑥
⑦　⑧　⑨

巻末
資料

学習評価の
在り方
ハンドブック

小・中学校編

文部科学省　国立教育政策研究所教育課程研究センター

学習指導要領

学習指導要領とは, 国が定めた「教育課程の基準」です。

（学校教育法施行規則第52条, 74条, 84条及び129条等より）

■学習指導要領の構成
〈小学校の例〉

総則は, 以下の項目で整理され,
全ての教科等に共通する事項が記載されています。

- ● 第1　小学校教育の基本と教育課程の役割
- ● 第2　教育課程の編成
- ● 第3　教育課程の実施と学習評価
- ● 第4　児童の発達の支援
- ● 第5　学校運営上の留意事項
- ● 第6　道徳教育に関する配慮事項

学習評価の
実施に当たっての
配慮事項

前文
第1章　総則
第2章　各教科
　　　　第1節　　　国語
　　　　第2節　　　社会
　　　　第3節　　　算数
　　　　第4節　　　理科
　　　　第5節　　　生活
　　　　第6節　　　音楽
　　　　第7節　　　図画工作
　　　　第8節　　　家庭
　　　　第9節　　　体育
　　　　第10節　　　外国語
第3章　特別の教科 道徳
第4章　外国語活動
第5章　総合的な学習の時間
第6章　特別活動

各教科等の目標, 内容等が記載されています。
（例）第1節　国語

- ● 第1　目標
- ● 第2　各学年の目標及び内容
- ● 第3　指導計画の作成と内容の取扱い

　平成29年改訂学習指導要領の各教科等の目標や内容は,
教育課程全体を通して育成を目指す資質・能力の三つの柱に
基づいて再整理されています。

ア　何を理解しているか, 何ができるか
　　（生きて働く「知識・技能」の習得）
イ　理解していること・できることをどう使うか（未知の状況にも
　　対応できる「思考力・判断力・表現力等」の育成）
ウ　どのように社会・世界と関わり, よりよい人生を送るか
　　（学びを人生や社会に生かそうとする「学びに向かう力・
　　人間性等」の涵養）

平成29年改訂「小学校学習指導要領」より
※中学校もおおむね同様の構成です。

詳しくは, 文部科学省Webページ「学習指導要領のくわしい内容」をご覧ください。
(http://www.mext.go.jp/a_menu/shotou/new-cs/1383986.htm)

学習指導要領解説

　学習指導要領解説とは, 大綱的な基準である学習指導要領の記述の意味や解釈などの詳細について説明するために, 文部科学省が作成したものです。

■学習指導要領解説の構成
〈小学校 国語編の例〉

総説
改訂の経緯及び
基本方針

●第1章　総説
　　　1　改訂の経緯及び基本方針
　　　2　国語科の改訂の趣旨及び要点

●第2章　国語科の目標及び内容
　第1節　国語科の目標
　　　1　教科の目標
　　　2　学年の目標
　第2節　国語科の内容
　　　1　内容の構成
　　　2　〔知識及び技能〕の内容
　　　3　〔思考力, 判断力, 表現力等〕の内容

●第3章　各学年の内容
　第1節　第1学年及び第2学年の内容
　　　1　〔知識及び技能〕
　　　2　〔思考力, 判断力, 表現力等〕
　第2節　第3学年及び第4学年の内容
　　　1　〔知識及び技能〕
　　　2　〔思考力, 判断力, 表現力等〕
　第3節　第5学年及び第6学年の内容
　　　1　〔知識及び技能〕
　　　2　〔思考力, 判断力, 表現力等〕

●第4章　指導計画の作成と内容の取扱い
　　　1　指導計画作成上の配慮事項
　　　2　内容の取扱いについての配慮事項
　　　3　教材についての配慮事項

指導計画作成や
内容の取扱いに係る配慮事項

●付録
　付録1：学校教育施行規則(抄)
　付録2：小学校学習指導要領　第1章　総則
　付録3：小学校学習指導要領　第2章　第1節　国語
　付録4：教科の目標,各学年の目標及び内容の系統表
　　　　　（小・中学校国語科）
　付録5：中学校学習指導要領　第2章　第1節　国語
　付録6：小学校学習指導要領　第2章　第10節　外国語
　付録7：小学校学習指導要領　第4章　外国語活動
　付録8：小学校学習指導要領　第3章　特別の教科　道徳
　付録9：「道徳の内容」の学年段階・学校段階の一覧表
　付録10：幼稚園教育要領

教科等の目標
及び内容の概要

参考
（系統性等）

学年や
分野ごとの内容

「小学校学習指導要領解説 国語編」より
※中学校もおおむね同様の構成です。「総則編」,「総合的な学習の時間編」及び「特別活動編」は異なった構成となっています。

教師は, 学習指導要領で定めた資質・能力が,
児童生徒に確実に育成されているかを評価します

学習評価の基本的な考え方

　学習評価は，学校における教育活動に関し，児童生徒の学習状況を評価するものです。「児童生徒にどういった力が身に付いたか」という学習の成果を的確に捉え，**教師が指導の改善を図る**とともに，**児童生徒自身が自らの学習を振り返って次の学習に向かうことができるようにする**ためにも，学習評価の在り方は重要であり，教育課程や学習・指導方法の改善と一貫性のある取組を進めることが求められます。

▌カリキュラム・マネジメントの一環としての指導と評価

　各学校は，日々の授業の下で児童生徒の学習状況を評価し，その結果を児童生徒の学習や教師による指導の改善や学校全体としての教育課程の改善，校務分掌を含めた組織運営等の改善に生かす中で，学校全体として組織的かつ計画的に教育活動の質の向上を図っています。

　このように，「学習指導」と「学習評価」は学校の教育活動の根幹であり，教育課程に基づいて組織的かつ計画的に教育活動の質の向上を図る「カリキュラム・マネジメント」の中核的な役割を担っています。

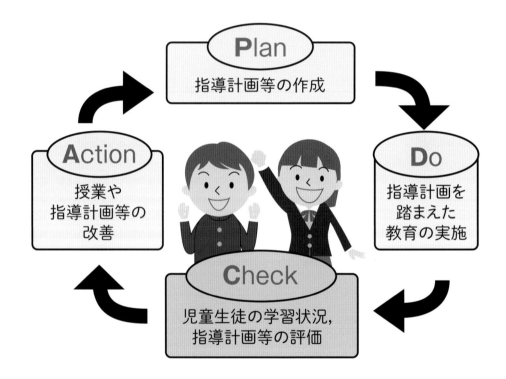

▌主体的・対話的で深い学びの視点からの授業改善と評価

　指導と評価の一体化を図るためには，児童生徒一人一人の学習の成立を促すための評価という視点を一層重視することによって，教師が自らの指導のねらいに応じて授業の中での児童生徒の学びを振り返り，学習や指導の改善に生かしていくというサイクルが大切です。平成29年改訂学習指導要領で重視している「主体的・対話的で深い学び」の視点からの授業改善を通して，各教科等における資質・能力を確実に育成する上で，学習評価は重要な役割を担っています。

☑ 教師の指導改善に
つながるものにしていくこと

☑ 児童生徒の学習改善に
つながるものにしていくこと

☑ これまで慣行として行われてきたことでも,
必要性・妥当性が認められないものは
見直していくこと

> 次の授業では
> 〇〇を重点的に
> 指導しよう。

> 〇〇のところは
> もっと～した方が
> よいですね。

詳しくは, 平成31年3月29日文部科学省初等中等教育局長通知「小学校,中学校,高等学校及び特別支援学校等における児童生徒の学習評価及び指導要録の改善等について（通知）」をご覧ください。
(http://www.mext.go.jp/b_menu/hakusho/nc/1415169.htm)

 コラム

評価に戸惑う児童生徒の声

「先生によって観点の重みが違うんです。授業態度をとても重視する先生もいるし,テストだけで判断するという先生もいます。そうすると,どう努力していけばよいのか本当に分かりにくいんです。」（中央教育審議会初等中等教育分科会教育課程部会 児童生徒の学習評価に関するワーキンググループ第7回における高等学校3年生の意見より）

あくまでこれは一部の意見ですが,学習評価に対する児童生徒のこうした意見には,適切な評価を求める切実な思いが込められています。そのような児童生徒の声に応えるためにも,教師は,児童生徒への学習状況のフィードバックや,授業改善に生かすという評価の機能を一層充実させる必要があります。教師と児童生徒が共に納得する学習評価を行うためには,評価規準を適切に設定し,評価の規準や方法について,教師と児童生徒及び保護者で共通理解を図るガイダンス的な機能と,児童生徒の自己評価と教師の評価を結び付けていくカウンセリング的な機能を充実させていくことが重要です。

Column

学習評価の基本構造

平成29年改訂で, 学習指導要領の目標及び内容が資質・能力の三つの柱で再整理されたことを踏まえ, 各教科における観点別学習状況の評価の観点については, 「知識・技能」,「思考・判断・表現」,「主体的に学習に取り組む態度」の3観点に整理されています。

「学びに向かう力, 人間性等」には
①「主体的に学習に取り組む態度」として観点別評価(学習状況を分析的に捉える)を通じて見取ることができる部分と,
②観点別評価や評定にはなじまず, こうした評価では示しきれないことから個人内評価を通じて見取る部分があります。

各教科における評価の基本構造

学習指導要領に示す目標や内容	知識及び技能	思考力,判断力,表現力等	学びに向かう力,人間性等

観点別学習状況評価の各観点
● 観点ごとに評価し,児童生徒の学習状況を分析的に捉えるもの
● 観点ごとにABCの3段階で評価

知識・技能	思考・判断・表現	感性,思いやりなど
		主体的に学習に取り組む態度

評定
● 観点別学習状況の評価の結果を総括するもの。
● 5段階で評価(小学校は3段階。小学校低学年は行わない)

個人内評価
● 観点別学習状況の評価や評定には示しきれない児童生徒の一人一人のよい点や可能性,進歩の状況について評価するもの。

各教科等における学習の過程を通した知識及び技能の習得状況について評価を行うとともに, それらを既有の知識及び技能と関連付けたり活用したりする中で, 他の学習や生活の場面でも活用できる程度に概念等を理解したり, 技能を習得したりしているかを評価します。

各教科等の知識及び技能を活用して課題を解決する等のために必要な思考力, 判断力, 表現力等を身に付けているかどうかを評価します。

知識及び技能を獲得したり, 思考力, 判断力, 表現力等を身に付けたりするために, 自らの学習状況を把握し, 学習の進め方について試行錯誤するなど自らの学習を調整しながら, 学ぼうとしているかどうかという意思的な側面を評価します。

個人内評価の対象となるものについては, 児童生徒が学習したことの意義や価値を実感できるよう, 日々の教育活動等の中で児童生徒に伝えることが重要です。特に,「学びに向かう力,人間性等」のうち「感性や思いやり」など児童生徒一人一人のよい点や可能性,進歩の状況などを積極的に評価し児童生徒に伝えることが重要です。

詳しくは, 平成31年1月21日文部科学省中央教育審議会初等中等教育分科会教育課程部会「児童生徒の学習評価の在り方について(報告)」をご覧ください。
(http://www.mext.go.jp/b_menu/shingi/chukyo/chukyo3/004/gaiyou/1412933.htm)

特別の教科 道徳, 外国語活動, 総合的な学習の時間及び特別活動の評価について

特別の教科 道徳, 外国語活動(小学校のみ), 総合的な学習の時間, 特別活動についても, 学習指導要領で示したそれぞれの目標や特質に応じ, 適切に評価します。なお, 道徳科の評価は, 入学者選抜の合否判定に活用することのないようにする必要があります。

特別の教科 道徳(道徳科)

児童生徒の人格そのものに働きかけ, 道徳性を養うことを目標とする道徳科の評価としては, 観点別評価は妥当ではありません。授業において児童生徒に考えさせることを明確にして,「道徳的諸価値についての理解を基に, 自己を見つめ, 物事を(広い視野から)多面的・多角的に考え, 自己の(人間としての)生き方についての考えを深める」という学習活動における児童生徒の具体的な取組状況を, 一定のまとまりの中で, 児童生徒が学習の見通しを立てたり学習したことを振り返ったりする活動を適切に設定しつつ, 学習活動全体を通して見取ります。

外国語活動(小学校のみ)

評価の観点については, 学習指導要領に示す「第1目標」を踏まえ, 右の表を参考に設定することとしています。この3つの観点に則して児童の学習状況を見取ります。

知識・技能	思考・判断・表現	主体的に学習に取り組む態度
●外国語を通して, 言語や文化について体験的に理解を深めている。 ●日本語と外国語の音声の違い等に気付いている。 ●外国語の音声や基本的な表現に慣れ親しんでいる。	身近で簡単な事柄について, 外国語で聞いたり話したりして自分の考えや気持ちなどを伝え合っている。	外国語を通して, 言語やその背景にある文化に対する理解を深め, 相手に配慮しながら, 主体的に外国語を用いてコミュニケーションを図ろうとしている。

総合的な学習の時間

評価の観点については, 学習指導要領に示す「第1目標」を踏まえ, 各学校において具体的に定めた目標, 内容に基づいて, 右の表を参考に定めることとしています。この3つの観点に則して児童生徒の学習状況を見取ります。

知識・技能	思考・判断・表現	主体的に学習に取り組む態度
探究的な学習の過程において, 課題の解決に必要な知識や技能を身に付け, 課題に関わる概念を形成し, 探究的な学習のよさを理解している。	実社会や実生活の中から問いを見いだし, 自分で課題を立て, 情報を集め, 整理・分析して, まとめ・表現している。	探究的な学習に主体的・協働的に取り組もうとしているとともに, 互いのよさを生かしながら, 積極的に社会に参画しようとしている。

特別活動

特別活動の特質と学校の創意工夫を生かすということから, 設置者ではなく, 各学校が評価の観点を定めることとしています。その際, 学習指導要領に示す特別活動の目標や学校として重点化した内容を踏まえ, 例えば以下のように, 具体的に観点を示すことが考えられます。

特別活動の記録							
内容	観点 \ 学年	1	2	3	4	5	6
学級活動	よりよい生活を築くための知識・技能	○		○	○	○	
児童会活動	集団や社会の形成者としての思考・判断・表現		○	○		○	
クラブ活動	主体的に生活や人間関係をよりよくしようとする態度				○		
学校行事			○		○	○	

各学校で定めた観点を記入した上で, 内容ごとに, 十分満足できる状況にあると判断される場合に, ○印を記入します。
　○印をつけた具体的な活動の状況等については,「総合所見及び指導上参考となる諸事項」の欄に簡潔に記述することで, 評価の根拠を記録に残すことができます。

小学校児童指導要録(参考様式)様式2の記入例(5年生の例)

なお, 特別活動は学級担任以外の教師が指導する活動が多いことから, 評価体制を確立し, 共通理解を図って, 児童生徒のよさや可能性を多面的・総合的に評価するとともに, 確実に資質・能力が育成されるよう指導の改善に生かすことが求められます。

観点別学習状況の評価について

　観点別学習状況の評価とは, 学習指導要領に示す目標に照らして, その実現状況がどのようなものであるかを, 観点ごとに評価し, 児童生徒の学習状況を分析的に捉えるものです。

▎「知識・技能」の評価の方法

　「知識・技能」の評価の考え方は, 従前の評価の観点である「知識・理解」, 「技能」においても重視してきたところです。具体的な評価方法としては, 例えばペーパーテストにおいて, 事実的な知識の習得を問う問題と, 知識の概念的な理解を問う問題とのバランスに配慮するなどの工夫改善を図る等が考えられます。また, 児童生徒が文章による説明をしたり, 各教科等の内容の特質に応じて, 観察・実験をしたり, 式やグラフで表現したりするなど実際に知識や技能を用いる場面を設けるなど, 多様な方法を適切に取り入れていくこと等も考えられます。

▎「思考・判断・表現」の評価の方法

　「思考・判断・表現」の評価の考え方は, 従前の評価の観点である「思考・判断・表現」においても重視してきたところです。具体的な評価方法としては, ペーパーテストのみならず, 論述やレポートの作成, 発表, グループや学級における話合い, 作品の制作や表現等の多様な活動を取り入れたり, それらを集めたポートフォリオを活用したりするなど評価方法を工夫することが考えられます。

▎「主体的に学習に取り組む態度」の評価の方法

　具体的な評価方法としては, ノートやレポート等における記述, 授業中の発言, 教師による行動観察や, 児童生徒による自己評価や相互評価等の状況を教師が評価を行う際に考慮する材料の一つとして用いることなどが考えられます。その際, 各教科等の特質に応じて, 児童生徒の発達の段階や一人一人の個性を十分に考慮しながら, 「知識・技能」や「思考・判断・表現」の観点の状況を踏まえた上で, 評価を行う必要があります。

観点別学習状況の評価について

「主体的に学習に取り組む態度」の評価のイメージ

○「主体的に学習に取り組む態度」の評価については、①知識及び技能を獲得したり、思考力、判断力、表現力等を身に付けたりすることに向けた粘り強い取組を行おうとする側面と、②①の粘り強い取組を行う中で、自らの学習を調整しようとする側面、という二つの側面から評価することが求められる。

○これら①②の姿は実際の教科等の学びの中では別々ではなく相互に関わり合いながら立ち現れるものと考えられる。例えば、自らの学習を全く調整しようとせず粘り強く取り組み続ける姿や、粘り強さが全くない中で自らの学習を調整する姿は一般的ではない。

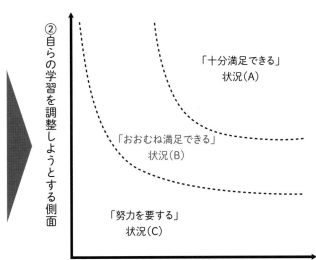

ここでの評価は、その学習の調整が「適切に行われるか」を必ずしも判断するものではなく、学習の調整が知識及び技能の習得などに結びついていない場合には、教師が学習の進め方を適切に指導することが求められます。

「自らの学習を調整しようとする側面」とは…

自らの学習状況を把握し、学習の進め方について試行錯誤するなどの意思的な側面のことです。評価に当たっては、児童生徒が自らの理解の状況を振り返ることができるような発問の工夫をしたり、自らの考えを記述したり話し合ったりする場面、他者との協働を通じて自らの考えを相対化する場面を、単元や題材などの内容のまとまりの中で設けたりするなど、「主体的・対話的で深い学び」の視点からの授業改善を図る中で、適切に評価できるようにしていくことが重要です。

コラム

「主体的に学習に取り組む態度」は、「関心・意欲・態度」と同じ趣旨ですが…
〜こんなことで評価をしていませんでしたか？〜

平成31年1月21日文部科学省中央教育審議会初等中等教育分科会教育課程部会「児童生徒の学習評価の在り方について（報告）」では、学習評価について指摘されている課題として、「関心・意欲・態度」の観点について「学校や教師の状況によっては、挙手の回数や毎時間ノートを取っているかなど、性格や行動面の傾向が一時的に表出された場面を捉える評価であるような誤解が払拭し切れていない」ということが指摘されました。これを受け、従来から重視されてきた各教科等の学習内容に関心をもつことのみならず、よりよく学ぼうとする意欲をもって学習に取り組む態度を評価するという趣旨が改めて強調されました。

Column

学習評価の充実

学習評価の妥当性，信頼性を高める工夫の例

- 評価規準や評価方法について，事前に教師同士で検討するなどして明確にすること，評価に関する実践事例を蓄積し共有していくこと，評価結果についての検討を通じて評価に係る教師の力量の向上を図ることなど，学校として組織的かつ計画的に取り組む。
- 学校が児童生徒や保護者に対し，評価に関する仕組みについて事前に説明したり，評価結果について丁寧に説明したりするなど，評価に関する情報をより積極的に提供し児童生徒や保護者の理解を図る。

評価時期の工夫の例

- 日々の授業の中では児童生徒の学習状況を把握して指導に生かすことに重点を置きつつ，各教科における「知識・技能」及び「思考・判断・表現」の評価の記録については，原則として単元や題材などのまとまりごとに，それぞれの実現状況が把握できる段階で評価を行う。
- 学習指導要領に定められた各教科等の目標や内容の特質に照らして，複数の単元や題材などにわたって長期的な視点で評価することを可能とする。

学年や学校間の円滑な接続を図る工夫の例

- 「キャリア・パスポート」を活用し，児童生徒の学びをつなげることができるようにする。
- 小学校段階においては，幼児期の教育との接続を意識した「スタートカリキュラム」を一層充実させる。
- 高等学校段階においては，入学者選抜の方針や選抜方法の組合せ，調査書の利用方法，学力検査の内容等について見直しを図ることが考えられる。

評価方法の工夫の例

全国学力・学習状況調査
《問題や授業アイディア例》を参考にした例

　平成19年度より毎年行われている全国学力・学習状況調査では，知識及び技能等を実生活の様々な場面に活用する力や，様々な課題解決のための構想を立て実践し評価・改善する力などに関わる内容の問題が出題されています。

　全国学力・学習状況調査の解説資料や報告書，授業アイディア例を参考にテストを作成したり，授業を工夫したりすることもできます。

　詳しくは，国立教育政策研究所Webページ「全国学力・学習状況調査」をご覧ください。

(http://www.nier.go.jp/kaihatsu/zenkokugakuryoku.html)

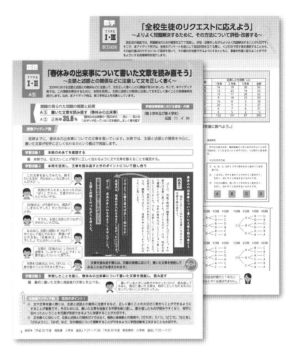

授業アイディア例

評価の方法の共有で働き方改革

　ペーパーテスト等のみにとらわれず，一人一人の学びに着目して評価をすることは，教師の負担が増えることのように感じられるかもしれません。しかし，児童生徒の学習評価は教育活動の根幹であり，「カリキュラム・マネジメント」の中核的な役割を担っています。その際，助けとなるのは，教師間の協働と共有です。

　評価の方法やそのためのツールについての悩みを一人で抱えることなく，学校全体や他校との連携の中で，計画や評価ツールの作成を分担するなど，これまで以上に協働と共有を進めれば，教師一人当たりの量的・時間的・精神的な負担の軽減につながります。風通しのよい評価体制を教師間で作っていくことで，評価方法の工夫改善と働き方改革にもつながります。

「指導と評価の一体化の取組状況」

A:学習評価を通じて，学習評価のあり方を見直すことや個に応じた指導の充実を図るなど，指導と評価の一体化に学校全体で取り組んでいる。

B:指導と評価の一体化の取組は，教師個人に任されている。

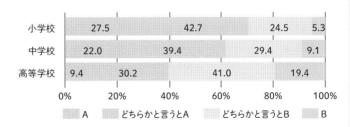

	A	どちらかと言うとA	どちらかと言うとB	B
小学校	27.5	42.7	24.5	5.3
中学校	22.0	39.4	29.4	9.1
高等学校	9.4	30.2	41.0	19.4

（平成29年度文部科学省委託調査「学習指導と学習評価に対する意識調査」より）

Column

Q&A －先生方の質問にお答えします－

Q1　1回の授業で，3つの観点全てを評価しなければならないのですか。

A.　学習評価については，日々の授業の中で児童生徒の学習状況を適宜把握して指導の改善に生かすことに重点を置くことが重要です。したがって観点別学習状況の評価の記録に用いる評価については，毎回の授業ではなく原則として単元や題材などの内容や時間のまとまりごとに，それぞれの実現状況を把握できる段階で行うなど，その場面を精選することが重要です。

Q2　「十分満足できる」状況(A)はどのように判断したらよいのですか。

A.　各教科において「十分満足できる」状況(A)と判断するのは，評価規準に照らし，児童生徒が実現している学習の状況が質的な高まりや深まりをもっていると判断される場合です。「十分満足できる」状況(A)と判断できる児童生徒の姿は多様に想定されるので，学年会や教科部会等で情報を共有することが重要です。

Q3　指導要録の文章記述欄が多く，かなりの時間を要している現状を解決できませんか。

A.　本来，学習評価は日常の指導の場面で，児童生徒本人へフィードバックを行う機会を充実させるとともに，通知表や面談などの機会を通して，保護者との間でも評価に関する情報共有を充実させることが重要です。このため，指導要録における文章記述欄については，例えば，「総合所見及び指導上参考となる諸事項」については，要点を箇条書きとするなど，必要最小限のものとなるようにしました。また，小学校第3学年及び第4学年における外国語活動については，記述欄を簡素化した上で，評価の観点に即して，児童の学習状況に顕著な事項がある場合などにその特徴を記入することとしました。

Q4　評定以外の学習評価についても保護者の理解を得るにはどのようにすればよいのでしょうか。

A.　保護者説明会等において，学習評価に関する説明を行うことが効果的です。各教科等における成果や課題を明らかにする「観点別学習状況の評価」と，教育課程全体を見渡した学習状況を把握することが可能な「評定」について，それぞれの利点や，上級学校への入学者選抜に係る調査書のねらいや活用状況を明らかにすることは，保護者との共通理解の下で児童生徒への指導を行っていくことにつながります。

Q5　障害のある児童生徒の学習評価について，どのようなことに配慮すべきですか。

A.　学習評価に関する基本的な考え方は，障害のある児童生徒の学習評価についても変わるものではありません。このため，障害のある児童生徒については，特別支援学校等の助言または援助を活用しつつ，個々の児童生徒の障害の状態等に応じた指導内容や指導方法の工夫を行い，その評価を適切に行うことが必要です。また，指導要録の通級による指導に関して記載すべき事項が個別の指導計画に記載されている場合には，その写しをもって指導要録への記入に替えることも可能としました。

文部科学省
国立教育政策研究所
NIER
National Institute for Educational Policy Research

令和元年6月
文部科学省　国立教育政策研究所教育課程研究センター
〒100-8951 東京都千代田区霞が関3丁目2番2号　TEL 03-6733-6833(代表)

「指導と評価の一体化」のための
学習評価に関する参考資料
【中学校　理科】

令和2年6月27日　　　初版発行
令和6年4月15日　　　 10版発行

著作権所有　　　　　　国立教育政策研究所
　　　　　　　　　　　教育課程研究センター

発　行　者　　　　　　東京都千代田区神田錦町2丁目9番1号
　　　　　　　　　　　コンフォール安田ビル2階
　　　　　　　　　　　株式会社　東洋館出版社
　　　　　　　　　　　代表者　錦織　圭之介

印　刷　者　　　　　　大阪市住之江区中加賀屋4丁目2番10号
　　　　　　　　　　　岩岡印刷株式会社

発　行　所　　　　　　東京都千代田区神田錦町2丁目9番1号
　　　　　　　　　　　コンフォール安田ビル2階
　　　　　　　　　　　株式会社　東洋館出版社
　　　　　　　　　　　電話　03-6778-4343

ISBN978-4-491-04135-3　　　　　定価：本体900円
　　　　　　　　　　　　　　　　　　　（税込990円）税10%